JN102321

中谷安男 [著]

Nakatani Yasuo

オックスフォード
世界最強の
リーダーシップ教室

一流の思考力・交渉力・人脈はこう作られる

OXFORD

DEBATE
TRAINING

中央経済社

オックスフォード・ユニオンの概略

設立

1825年　学生によるディベート組織として誕生
以後，世界の現役リーダーと学生がディベートを行う最大機関

主な行事

- **フォーマルディベート**… 1年に約24回
  政界・財界・学術・マスコミ界の一流のリーダーたちと学生が重要な
  社会問題をディベート
- **ゲストスピーカー**… 1年に約120名
  世界のリーダーを招き学生との質疑応答
  英国首相：チャーチル，サッチャー，メイ，キャメロン他
  米国大統領：ニクソン，レーガン，クリントン他
  海外首相・大統領：オーストラリア，ニュージーランド，パキスタン他
  活動家：マザー・テレサ，ダライ・ラマ他
  科学者：アインシュタイン，ホーキンス他
  財界：グーグルCEO，コカ・コーラCEO，LVMH CEO他
- **パネルディスカッション**… 1年に約12回
  重要な社会問題の当事者を招き討論
  天安門事件・ウィグル問題・北朝鮮問題他

主なユニオン出身者

- 英国首相　グラッドストン，マクミラン，ヒース，メイ，ジョンソン
  労働党党首フット，自由党党首ソープ他，英国閣僚多数
- 元パキスタン首相ブットー，エリザベス2世秘書ウォーカー他

まえがき

🔗 大学生のディベートで歴史が作られる

　大学生が世の中を変えられるのでしょうか。実は英国の歴史において，オックスフォード・ユニオン（以下ユニオン。概要を本扉裏に掲載）で行われたディベートは，歴史を変えてきたと言われています。この中で次の3つの事例が特に有名です。

　まずは，1933年に行われた，最も有名な**「国王と国家」のディベート**です。第2次世界大戦の開戦前で，ヨーロッパの緊張が高まる中で行われました。この時，学生たちは，「いかなる状況でも国王と国家のために戦わない」という採択をします。この結果を基に，ヒトラーは「英国の若者は士気が高くない」と考えたという伝説があります。ディベート結果がナチスのヨーロッパ侵攻を決意させたというのです。また，大戦中の首相チャーチルは，このユニオンの結果が「イタリアの独裁者ムッソリーニを決心させた」と述べています。このユニオンの決議は後に「オックスフォードの誓い」として広がり，平和運動を進める学生の大義に使われました。

　2つ目は，**急進的な黒人解放運動の指導者マルコムX**が参加した1964年のディベートです。当時はまだ，オックスフォードは白人富裕層の子息が主流と考えられていました。このような状況で，過激派と見なされる黒人指導者に発言させることは議論を呼びました。このユニオンでのディベートはテレビ放映されます。急進的になるしかない黒人側の意見を，初めてじっくりと聞いた人も多くいました。黒人解放運動がまだ黎明期の時代に，差別される側の代表も招聘し，「自由に議論をする」意義を人々に認識させます。

　2020年1月31日に英国はEUを正式に離脱しました。実は，1975年にもEUの前身である欧州共同体ECの残留をかけて国民投票を行っています。3つ目の事例は，この投票の数日前にユニオンで行われた，**残留の是非を問うディベー**

トです。この討議もテレビ中継され，結果は493対92で「残留すべき」となりました。この放映によって，態度を保留していた人々も影響を受けたと言われています。結果的に，国民投票で欧州共同体への残留が可決され，2020年までEUの加盟国として参加します。

この3つの例が示すように，学生が主催するユニオンのディベートは，社会の問題と大きく関りを持ち，今でも発展を続けています。「平和運動」「人種差別」「外交問題」，これらは今日でも重要な課題です。ユニオンでは政治，経済，アカデミックの第一人者が招かれ，世の中の課題について，志の高い学生と真剣に討議を行います。

つまり，今の**当事者であるリーダー**と，**次の世代のリーダー**が言葉を使って「論争」します。目的は，未来を担う若者が，現状の課題や困難を把握し，「何を」「どのように」変えるべきか深く考え，認識することです。やがて彼らは，実社会で経験を積み，準備ができたら，課題の解決に全力を尽くします。歴史を，少しでも良い方向に向かわせるために。

ユニオンで学ぶリーダーシップと交渉術

この本では，英国の大学で学ぶリーダーシップと交渉術を，書面で疑似体験してもらいたいと思います。欧米の大学の基本は「読む」「討論する」「書く」です。ここでは，日本であまり取り入れていない，学習法としての「ディベート」を主に取り扱います。その際，世界的なリーダーを輩出しているユニオンを題材にします。

著者は2002年に初めてユニオンのメンバーになって以来，数々のイベントやワークショップに参加してきました。今でも，ユニオンの代表やディベートに参加したメンバーと交流を続けています。ここで収集した教材，資料，インタビュー結果や言語データを活用していきます。

ユニオンの活動は英語ですが，そこで行われている学び方を，本書では主に日本語で体験していきます。まず，最も親しみのある言語で参加した方が，概念の理解も早く，思考法を活用できるようになると思います。特に，具体的な**交渉戦略のポイント**を各章で明示しています。また，ディベートを有利に進め

るには幅広い教養知識が必要です。このため英国の交渉術を理解する**グローバル教養**を紹介します。

　日本語で「論理的に」考える，とか「結論を先に」伝える，と言われても，よくわからないという経験はないでしょうか。日本語のすばらしさの1つは，「言葉をあまり使わない」で，「相手が理解する」ことを期待できる点です。俳句や，短歌はその良い例だと思います。

　一方，英語は「言葉を明確に使わない」と「相手は理解できない」という前提です。これは，聞き手中心を意味する「リスナー・センタード（listener-centered）」と呼ばれます。伝える側は多くの言葉を使って，聞き手がわかるようにする義務があります。このために言葉を「論理的に」したり，「結論を先に」伝えたりします。これはロジックと呼ばれますが，一言でいうと，「聞き方」に沿って談話を作ることです。本書では，よりすっきりと，どのように「論理的に」伝えるべきなのかを説明していきます。

　英語圏の大学教育は，言葉を積極的に使い，課題を議論し，問題の解決法を自ら見つけます。既存の概念同士をぶつけて，葛藤させ，新しい概念を生み出す，その手段が言葉なのです。このような，言葉を使って目標を達成する手法が**コミュニケーション戦略**となります。まずは，英語のコミュニケーション戦略の概念を，日本語で理解し，その感覚を身に付けてみませんか。この論理的思考法は，日本語の議論でも大いに役に立つと思います。

どのような人が読むと参考になるか

▶ 英語を使う環境で活躍したい人

　グローバルな環境で英語を使い，交渉する際にテーブルの反対側にいる相手が，どのような能力を持っているのか知るべきではないでしょうか。重要な取引やビジネスの交渉相手がそこにいるのは，この本に書かれているトレーニングを受けたことも理由の1つだと考えられます。後で詳しく説明しますが，旧植民地で，今も英国連邦に所属する54の国や，米国で教育を受けた人の場合は，その確率はかなり高くなります。

欧州でトップクラスの大学の伝統や歴史，培われる感覚や重視される能力などを知ると，彼らとの関係構築も容易になるかもしれません。また，この人たちが日々心掛けている交渉の仕方を参考に，今からグローバルなコミュニケーション力を高める準備ができると思います。

▶ グローバルなリーダーを目指す人，大学でこれから学ぼうとする人

この本の主人公は，世界のリーダーを目指す人々です。もちろん，リーダーの役割は問題や状況などによって異なります。ここでは，共通に必要な，**課題解決のコミュニケーション能力を高める**方法を紹介します。これから大学で何を目標とすればよいのか，また社会人として限りある時間の中で，どのようなことを優先して学ぶべきなのかを見つけるヒントになります。

▶ 交渉力や論理的思考力，国際的に通用する教養を身につけたいビジネスパーソン

代表的なリーダーとして英国の政治家を多く取り扱っていますが，ディベートで身に付くコミュニケーション戦略やクリティカル思考は，日本のビジネスパーソンにとって大いに役立ちます。この具体例として本書では，9つの興味深いビジネスケースを掲載しています。皆さんが各ケースの当事者になったつもりで，本書で学んだ戦略を活かして様々な課題を解決してみてください。ビジネスリーダーの決断の正解は1つとは限りません。

▶ 大学と社会の新しい関わり方に関心を持つ人

「リーダーを教育することはできないかもしれない。できるのは，最高の学ぶ機会を社会と共に提供すること」これが，私の所属した英国の大学の考え方だと思います。リーダーになるには「志」が必要です。志を持つには，それを育む環境が必要です。効果的なのは，「ロールモデル」という，**将来目指すべき姿を見せる**方法です。これをいかに，書籍を使う討論から実現するのか，また現在活躍している人の力を借りるべきなのか英国の実例を紹介します。☞第5章

社会の「即」戦力を輩出するのが大学の目的ではないと思います。課題が大

きいほど，すぐには解決できません。そこには，戦略を構築できる豊富な経験や，多くの協力者との関係構築が必要です。課題に向き合って5年，いや10年かかるかもしれません。この戦略の実行に必要な，**問題解決能力の素養を身に付ける**のが，英国の大学と言えます。このために，最高の機会を提供する方法をユニオンのディベートを通して一緒に考えてみましょう。

　なお，本書の内容は著者個人の体験と研究に基づく見解であり，オックスフォード大学ならびにオックスフォード・ユニオンの見解ではないことを明記します。

これまで多くの世界の偉人が通ったユニオンの門
▽第1章

目　　次

第 **3** 章

ディベートを知ろう：
民主主義の英雄グラッドストン

第 6 章

世界一のディベート組織
オックスフォード・ユニオン

第 7 章 プレジデントへの道は
ハッキングとディベート対決

第 8 章 ディベート力をいかに身に付けるか

第 9 章

自分の将来像を描く，ロールモデル理論

第 **12** 章

どうすればフォロワーに伝わるのか

Part Ⅲ　実践編：英国のリーダーのコミュニケーション戦略

第 15 章　今なぜチャーチルの戦略を考える必要があるのか

第 18 章

危機を迎えたリーダーの役割を学ぼう

<table>
<tr><td>第 19 章</td><td></td></tr>
</table>

第 19 章 **チャーチルの誤算とライバルのアトリー**

第 **22** 章

おわりに：
ジョンソン首相はユニオンで何を学んだのか

Part I

世界的リーダーを生む
オックスフォード大学と
ユニオンのディベート

　欧米では，ディベートは未来のリーダーを育てる重要な教育システムです。課題を見極め，英知を集め，最善の解決法を実行していくのに最適です。オックスフォード大学から世界のリーダーが育つ理由や，その要となるユニオンのディベートの特徴を紹介していきます。

本書の重要語の説明

- インテリジェンス（Intelligence）：実際に問題を解決する場面で，その場ですぐに運用できる知識。単に知っている，覚えている情報とは異なる
- コミュニケーション戦略（Communication Strategy）：一般の会話とは異なり，特定の目的の達成や，問題解決のために効果的に言葉を使う方略
- コモンウェルス（Commonwealth of Nations）：英国と旧植民地54国との緩い国家の連合体
- コンテクスト（Context）：特定の事象が起こる場面や状況
- クリティカル思考法（Critical Thinking）：文書や発言の内容や適切さを，批判的に評価し，自分が納得するまで確認する

ハリー・ポッターで使われたクライスト・チャーチ・カレッジのダイニングホール♡第3章

はじめに

 自由な討論がリーダーを育てる

　もし，あなたの前にマザー・テレサやダライ・ラマが現れたら何を聞きたいですか。世界最大の飲料メーカーのコカ・コーラのCEOに，次の戦略を尋ねてみるのはどうでしょう。カルバン・クラインが，どうやって服のデザインをするのか知りたくないですか。マイケル・ジャクソンの歌だけでなく，生の声を聴くのもいいでしょう。また，英国が本当にEUを出る必要があったのか，当事者の首相や国会議員に討議してもらいましょう。

　これらは，全てオックスフォード大学のユニオンで実現できたことです。ここでは，200年も前から学生がディベートをしてきました。権力や社会情勢に左右されることなく，重要な社会的な議題について専門家も招いて自由に議論を行い，賛否を多数決で決めます。

　まえがきにあるように，ユニオンでは第2次世界大戦の前に，ディベートで「戦争を行わない」と採決をしました。この行動はマスコミの批判を受け，戦時中の首相チャーチルは，後々までこれを「英国の若者の恥」として憎みます。

　日本の大学で大戦前に，このような公開討議の実施を想像できますか。このオックスフォードの誓いは，自由な討論の象徴となっています。ユニオンでは，いつの時代も，未来を担う若者たちが，社会の課題に疑問を抱き，その時代の責任者をゲストに迎え，質疑応答を行います。

　「自由な議論」とは，他人の発言の権利や意見を尊重することから始まります。ユニオンを快く思っていないチャーチルも，ここで何度もスピーチをしました。EU離脱のきっかけを作ったキャメロンや，国をまとめてEUを脱退するのに失敗したメイなど元首相たちも招かれ，学生の質問に直接答えています。

米国の大統領としては，レーガン，クリントンだけでなく，イメージの悪いニクソンも，ウォーターゲート事件で失脚した後に，ここで演説をしました。

なぜ，問題の当事者を招き，討議や質疑応答に参加してもらうのでしょう。この背景には，報道やSNSで広がっている噂や印象ではなく，「自分の目で見て考え判断する」という大学の研究における基本原則があるからです。

☑ 大学は「なぜ」を突き詰め，リーダーの素養を育てる

大学では，「なぜ？」が一番大切な問いとなります。例えば，「なぜ，メイ首相はEU離脱に失敗したのだろう？」などです。事前に書籍や新聞などを読んでおいて，自分なりの仮の答えを見つけます。これを「仮説」と呼びます。「あまりにも真面目に，保守党の全員意見を取り入れようとして失敗した」という仮説はどうでしょうか。そして，当日ユニオンで本人の話をよく聞き，内容を確認します。納得がいかなければ質問をします。これを，「仮説を検証する」と言います。このような行為を続け，「最適な」答えを自分で探索していきます。「仮説検証」と聞くと小難しそうですが，実はこれはリーダーの方が，常にされていることですよね。仮のゴールを設定して検証してみる。ただし，実社会のリーダーは必ず「実現責任」が問われます。大学教育だけでは，現場の問題を今すぐ解決するのは困難かもしれません。

リーダーとは政治家や，企業のトップだけではありません。我々が抱えている，**身近で大切な問題を率先して解決する人々も同様にリーダー**です。環境や福祉，雇用など，あらゆる分野において，様々な課題解決のために先頭に立つ人が必要なのです。有史以来，人間は発達したようですが，それと共に多くの問題を作り続けています。次から次に出てくる新たな課題を，「誰か」が率先して解決する必要があります。

押し寄せてくる課題に対して，危機感を持った昔の賢人たちは1つの良いアイディアを思いつきます「それぞれの問題を解いて見せるのではなく，**解き方を次の世代に伝授してはどうだろう**」。これが大学の始まった理由の1つです。

「物事が予測不可能なら，問題自体の原因を見つける方法を身に付ける。原因を把握したら，これまでの中から最適な解き方を選び，実際に解いてみる。

人間は過ちを犯すので，何度でも試みて一番良い答えを導き出すまで続ける。」

　これを「問題解決能力」と呼び，それを共に学ぶことを目標としました。この訓練には，過去のデータとして，伝統的に先人が書き記した大量の文献を使い解き方を考えます。この複雑なスキルは，一方的に教えることはできません。自分で気づき，学ぶしかないので時間がかかります。英国では最低3年は必要と考えているので，大学は3年間です。

　また人間には個性があり，それぞれに合う学び方を実践するには個人指導が最適です。この少人数の研究討議を「チュータリング」と言います。大学は，若者が教授陣と議論を行い，**未来の課題に対して解決する力を養成する**所とも言えます。この本では，英国の事例を通して，リーダーに必須な，課題解決法の学び方を見ていきます。

なぜユニオンを知るべきなのか？

　私は米国，オーストラリア，英国など様々な国の大学で学んだ体験を通して，学ぶ側の利点や課題に関心を持っています。この中で，ユニオンに注目したのは，リーダーに必要なコミュニケーション戦略を学ぶ最適な場所だと思うからです。コミュニケーションとは，一般の会話とは異なり，特定の目的を達成するために言葉を使うことです。

　ユニオンでは，各界のリーダーのスピーチや，彼らとの質疑応答，ディベートの機会が豊富にあります。また，学生メンバーの最終目標である組織の代表のプレジデントになるには，仲間を巻き込むための様々な交渉力，政治力が必要となります。☞第7章

　リーダーシップ論の第一人者コッターは，リーダーの条件として，賛同し後に続く「フォロワー」とのコミュニケーション能力の重要さを指摘しています。グループをまとめ，目標に到達するために，人を動かすための言葉を使う能力です。フォロワーに課題を認識してもらい，解決の最適法を共有し，進むべき指針を示すための説得術となります。この基本戦略は，ギリシア時代にアリストテレスが，修辞学（レトリック）として体系化し，伝統的に西洋の大学の最も重要な科目として学ばれています。オックスフォードの学生も，哲学などの

科目を通して，コミュニケーション戦略を身に付けます。

　国によっては，明確な戦略もなく，重要な課題解決法を伝える能力も低いリーダーもいます。でも，現状を憂いている人は，ここにはいません。その時のリーダーが失敗すれば，選挙で退出してもらえばいいのです。今，ディベートをしている将来のリーダーたちは，政治家や産業界の先導者たちの失敗から多くを学び，別の解決方法を選択できます。

　巣立ったメンバーたちは，実社会で経験を積みます。そして，学生時代に目指した，大きな問題を解決する機会の到来に準備をしているのです。これを**「当事者意識」**と言い，自ら進んで困難にチャレンジする動機付けを持っています。人は間違うことも多く，時代や状況に応じて課題も変化するなら，その時に最適なリーダーが生まれる土壌を，日本でも協力して構築しておくべきではないでしょうか。そのことに本当に価値があるのか，確認する良い例がユニオンでのトレーニング体験だと思います。この本では，興味深いリーダーたちが，あなたの討議の参加を待っています。さあ，立ち上がり発言しましょうか。

"世界の頭脳"
オールソールズ・カレッジでの講演

第2章

教室に入る前に

この章では，ディベートの疑似体験の前に注意すべきことを見ていきます。英国で行われるディベートを理解するのに重要な**8つの事前知識**を紹介します。

事前知識❶　自分の目で見て確かめる

交渉術を身に付けるには，まず「自分の目で見て確かめる」トレーニングが必要です。大切なのは，「批判的に情報を読む」ことです。これは，著者や情報を発表している団体を批判することとは異なります。「クリティカル思考法（Critical Thinking）」と呼ばれ，内容や適切さに疑問を持ち，自分が納得するまで確認するということです。

この本は，できるだけ客観的な報告に努めています。ユニオンに関しては，その活動を詳細に報告してきたチャウエル（Chawell）という大学新聞の記録や，歴代のプレジデントたちが出版した書籍を参照しています。直接集めたデータとして，ユニオンの当事者たちへのインタビューを活用しています。さらに大量の言語データを統計処理するコーパス分析を利用しました。

ただし，様々な事象をオックスフォード大学の「ユニオンの観点」から見ています。立場や観点が異なれば，別の解釈が成り立つことはあります。また，チャーチルをはじめ，様々なリーダーを題材に扱いますが，ここではトレーニングに必要な業績だけに焦点を当てます。その他の記載していない事象にも関心のある方は，ぜひ確認してみてください。

本書は，自由な討論の推奨が1つの目的です。議論をする際には，題材や資料が必要となります。批判的に読んでいただき議論のネタにしてください。

✍ 事前知識❷　リーダーに一番大切なのは時間軸

　組織を運営するには，経営の3要素「ひと」「もの」「かね」が重要だと言われます。これに加えリーダーが決断する時には，時間軸の認識が欠かせません。問題の解決法の「最適さ」は，時代や「コンテクスト（Context）」によって常に変化するからです。コンテクストとは，特定の事象が起こる場面や状況のことです。

　例えば，特定のリーダーの素養を持ち成功した人が，どの時代でもうまくいくわけではありません。逆もまた真なりで，とんでもないと思われた人が，特定の時間軸で偉大なリーダーになることもあります。後で紹介しますが，チャーチルはこの典型でしょう。平和時の彼の行動は，ひどい失敗続きでした。第2次世界大戦という時代でなければ，もしヒトラーという宿敵がいなければ，彼の評価は大きく変わったでしょう。

　つまり，**置かれている時代や環境に適合**しないと，リーダーとして機能しません。この本では，この時間軸の認識の仕方と，その時の最適な解決方法を考えていきたいと思います。

　現在の時間軸では，多様性や機会の平等への認識がリーダーの重要な資質となります。ディベートなどで，どのような課題があるのか十分把握したうえでコミュニケーションを行う必要があります。特にSNSの発展により，ネット上で記録された過去の言動が，いとも簡単に拡散され，批判の対象となりえます。

　これは2021年に開催された東京オリンピック準備のごたごたでも痛感させられました。情報が共有される社会の時代のリーダーは，SDGsなどに対して責任ある行動をことさら心がける必要があります。

✍ 事前知識❸
リーダーは，いつも善人な交渉者とは限らない

　西洋的な考えでは，人間は基本的に不完全で，過ちを繰り返して生き伸びています。本書に登場する人物も，過去に失敗を繰り返したり，現代の価値観では受け入れられない考えを持っていたりします。ここでは英国の偉人たちを賞

賛するのが目的でありません。彼らが運命的に人々をリードする番が来た時に，選択した戦略を評価することです。

「過ちを犯した者は，言うことも，やることも全て悪い」という考えは，有効ではありません。リーダーたちは，特定の局面で，特定の利害のために行動します。彼らの行為を理由と時間軸の観点から問いかけることが大切です。成功だけでなく，失敗から学ぶことも多いのです。

ユニオンでは，スキャンダルで辞任したニクソン元大統領や，暴力も否定しない黒人解放運動家のマルコムXも招聘しました。「その時，あなたは何を考え決断をしたのか？　なぜそうせざるを得なかったのか？」とじっくり話を聞き，徹底的に質問していくことが大切です。

📝 事前知識❹
交渉力のあるリーダーを目指すということ

世界の大学生に求められているのは，未来のリーダーになることです。これは，環境問題や貧困の問題など，身の回りの様々な課題を自ら進んで解決していく人です。ユニオンに集う学生も人種や背景は様々で，将来の課題も千差万別だと思われます。リーダーを目指す英国の授業では，**各自が課題を見つけ，解決する能力**が求められます。この過程で論文を書くことで，事象を適切に把握し，問題の分析や独自の解答の提示が可能となります。

すでに社会人の方には，「いまさら論文を書くの？」という声もあるかもしれません。でも，ここで紹介するリーダーたちは，いつまでも演説原稿を書き続けています。これは大学で書く客観的で説得力のある論文が雛形です。これはビジネスパーソンに必須の，社内の企画書や報告書，クライアントへの事業提案の書き方に大いに役立ちます。

この一番面倒な，「書き続ける」という作業が，実はとても効果的なリーダーのトレーニングです。それは，**言葉を使ってフォロワーを理解させ，納得してもらい，協力を得る**必要があるからです。そのために，伝える言葉を可能な限り完成度の高いものにすべきです。

📲 事前知識⑤
英国の矛盾1：植民地制度とコモンウェルス

　英国の代表的リーダーを参考にする際に注意すべきは，この国の歴史的な背景と，それが現代に及ぼしている影響です。「血まみれの歴史」といわれるように，この国の歴史は，とても人間味があり，興味深いと思います。☞第5章 ただし，歴史を評価するのが目的ではないので，限られた事象しか紹介できません。特に，現代の事象を説明する理由の観点から話を進めます。

　この現代と英国の歴史の中で，重要になるのは，過去に行った「植民地政策」と，今も存在する「階級制度」です。これらは歴史的な矛盾と，平等に関する社会的矛盾と考えられます。

　まず植民地制度を見ていきます。英国を含め西洋の列強国は，早くから植民地政策により他国の富を奪い，先住民を犠牲にして自国の繁栄を目指しました。もちろん，これは負の歴史と言えます。ところが今でも英国を中心に，かつての植民地を中心に54か国からなる「コモンウェルス（Commonwealth of Nations）」と呼ばれる，緩い国家の連合体が形成されています。この連合の長は今も英国の国王です。日本では馴染みがありませんが，4年に1度コモンウェルス・ゲームズというオリンピックのようなスポーツの祭典をしています。

　この中でもカナダ，オーストラリアなど16か国は英連邦王国と呼ばれ，結びつきは特に強く，元首は英国国王です。エリザベス2世はオーストラリアでは「オーストラリア女王」です。

　植民地として，ひどい目にもあった国々もあり，本来なら恨んでよさそうなものです。ところが，いまだに連合体に属し，仲良くスポーツの祭典までしている様子は，不思議に思えます。まさに**英国の外交における交渉の戦略**が，うまく機能した成果かもしれません。

　このコモンウェルスの存在は，外交で重要な役割を果たしています。例えば，EU離脱の討論において，「今後はコモンウェルスの国々と連携すればよい」という意見もありました。

📝 事前知識❻　英国の矛盾２：階級社会と平等の認識

　英国は階級社会で，国王もいれば貴族もいます。国会も，庶民から選挙で直接選ばれる「庶民院」と，元は貴族階級の特権として世襲で与えられていた「貴族院」があります。

　法律で定められているわけではないのですが，階級により富の差もある不平等な社会と言えます。このため，よく議論になるのは，「機会の平等」があるかという点です。上流階級に生まれた人は，経済的に裕福な家庭で育ち，恵まれた教育も約束されていると言われます。

　子供の教育が将来を決めるので，階級の流動性がよく討議になります。生まれた階級によって運命が決まるのは不公平だという観点です。

▶ オックスフォードと階級

　オックスフォードも主に国の予算で運営されているので，大学全体は公立と考えられます。このため，基本的な授業料などは他の公立大学と同じです。ただし，大学に属するカレッジは独自の財源や予算を持っているので，完全な公立とは言えないかもしれません。授業料以外にカレッジに属する費用も必要です。でもこれには寮費なども含まれるため，他の公立大学でも親元を離れて生活すれば，それほど大きな差はないでしょう。

　このように，大学でかかる費用は米国の有名私大に比べると高額ではなく，特に裕福な子弟でなくても通えます。統一の大学入学試験であるＡレベルを受け，学力の成績によって合格が決まります。カレッジごとの試験もありますが，今では階級の差に関係なく進学可能です。ではなぜ，オックスフォードやケンブリッジ大学は，裕福な家庭の子弟が通うと考えられているのでしょうか。

　これは，高額の費用のかかる私立高校の出身が入学生には多いからです。英国には，私立と公立の高校があり，前者は民間の団体が財政の管理や運営を行います。これらの中でも，歴史が古く，全寮制が中心の伝統校は，パブリックスクール（Public School）と呼ばれます。

　1440年に設立されたイートン校（Eton College）などが代表的なものです。全寮制の男子校で，今でも生徒は燕尾服を着ています。キャメロンやジョンソ

ンなど英国の首相19人を輩出しています。年間の学費は34,000ポンドで、日本円だと500万円弱でしょうか。英国の年間平均年収が400万円弱なので、その学費の高さは格別です。このため、私立の学校に通えるのは全体の7%程度です。つまり、国民の9割以上は公立の学校に通っていることになります。

▶ なぜ私立出身者が多いのか

オックスフォード大学の調査では、2018年に入学した私立学校の出身者は、全体の約4割でした。約5人に2人は、上流階級や、経済的に恵まれた中流階級の出身で、確率的には私立学校に行かせた方が入学に有利となります。

私立のメリットとして、クラス人数が10人から15人位と少なく、1人当たり手厚い教育が受けられます。また、労働条件なども良いため、優秀な教員も集まりやすくなります。一方、公立学校の先生の給与は、それほど恵まれていません。さらにパブリックスクールは、伝統的にオックスフォードなどへの進学準備にも長けているなどの利点があります。

結果として、私立学校へ通うことのできる、経済的に恵まれた生徒がオックスフォード大学に合格しやすくなります。このような状況は、**英国の教育格差問題**として、しばしば取り上げられます。キャメロン元首相も、公立の学校から入学者を増やすように改善を促しました。オックスフォード大学も様々な取組をし、最近はおよそ15%が貧困地域出身の学生となりました。これを5年以内に25%まで増やそうとしています。

公立の学校にも、かつて受験をして入学するグラマースクールという進学校が1,200ほどありました。今は160ほどに減り、代わりに基本的に入学試験のない公立高校が多くなりました。私が住んでいた北オックスフォードにはチャウエルという教育熱心で大学進学率も高いことで有名な公立学校があります。

グローバル教養❶

・植民地として搾取した国々から、今も連合体のリーダーと見なされている
・英国は民主主義国家であるが、貴族も存在する階級社会である

Column

生まれた時から格差：エマ・ワトソンは最初から恵まれていた？

私が住んでいた北オックスフォードに，ドラゴンスクールという名門のパブリックスクール進学を目指す子供が通う私立の小学校があります。当時，映画ハリー・ポッターに出演したエマ・ワトソンと，その弟が通っていました。敷居は高く，付属の幼稚園に入れるのが近道です。幼稚園も寄宿舎に入ると，2021年の年間費用は最低約460万円以上です。それでもとても人気で，生まれた時に登録をしないと入園できないと言われています。誕生の瞬間から，格差がある社会なのかもしれません。ちなみに私の娘は，近くのカッツローという公立の幼稚園に通いました。もちろん授業料はタダです。おやつも含めて。

📝 事前知識❼　英国の民主主義を理解する基本概念

英国は契約を中心に成り立っている国家です。基本的にはギブ・アンド・テイク，つまり「与える」と，同等のものを「もらう」ことを期待します。何かを手に入れるためには，代価を払います。例外は，寄付や施し，慈善事業など，余裕のある人が見返りを求めない行為です。

欧米ではギブ・アンド・テイクの感覚はとても明確で，代価を払わない限り，何も期待できません。この関係を明確にするため，ビジネスでは契約書などで細かく記録を残します。

もし，与えるものがない場合は，過去には王や地主，そして現代では雇用者に「労働力」を提供して「給金」をもらいます。歴史的には，雇う側の力が圧倒的に強く，労働を提供する側は過酷で不利な条件で契約をしていました。

さて，歴史的には国王などのリーダーの一番重要な役目は何だと思いますか。

答えは「**いかに税金を集めるか**」です。彼らの目的は，権力の拡大，つまり軍隊を投入し領土を広げることです。そして戦争に勝つための莫大な費用を賄うのに，税金を徴収するのです。国王の力が圧倒的に強ければ，国内の勢力を抑えて，自由に課税できます。

ところが13世紀，「ジョン失地王」と呼ばれる国王が，フランスとの戦いに

負け大陸の土地を失います。彼は，度重なる戦費を賄うため，議会を無視し税金を徴収します。あまりにも横暴なため，1215年に有力諸侯が団結して対抗し，王に自分たちの権利を認めさせます。これが「マグナ・カルタ」という契約書です。これには自由や生命，財産の保証も入っています。この憲章が根拠となり，代表者の集まる議会の承認なしには国王は課税できなくなりました。

　税金の承認は，議会において代表者が議論をして決めます。これがディベートの基本で，特定の議題を賛成と反対に分かれ是非を決めます。方法は，出席議員の過半数が支持すると認められる多数決です。納得いくまで議論し，最後は投票で決める，これが民主主義の原則です。

事前知識❽　なぜ選挙が大切なのか？

　このように，議会審議で最も大切なものが「税金」をめぐる議論です。税金を払う（ギブ）なら，それに相当する見返り（テイク）を要求します。**この見返りがサービス**です。サービスとは，国家が民衆に提供すべきもの，つまり安全，教育，仕事，社会保障，そして道路や水道などのインフラ，エネルギーなどの生活基盤に必要なものです。

　議会は，自分たちの払った**税金の適切な使い方を決め**，それが**正しく使われているか監視する**のが重要な役目です。これが正確に行われる根拠として法律を決めます。法律に基づき，取られた税金が，返ってくるサービスに見合っているのか判断します。

　しかし，全員が議会に参加できないので，代表者を選挙で選びます。この議員たちが，税金を払った国民に分かりやすいように議論をして，最後は多数決で法律を決めます。

　このような経緯から，英国の国会は，納税者を代弁する議員が納得するまで議論を尽くすのが前提です。このためにもディベートの技術は必須です。国民は，自分の国に預けたお金が，適切に使われるように議員を監視します。その人が役に立たないと思うと，次の選挙で投票しません。選挙は，議会に直接参加できない，**国民の重要な意思表示**となります。このためギブ・アンド・テイクの原則で，自分の代わりに議論をしてくれる議員に，いつも関心を持ちます。

グローバル教養❷

・歴史的に国のトップは自分の権力拡大のために税金を取る工夫をする
・議会は国民が預けた税金の使い方を決め，サービスの提供を可能にする
・適切なサービスが受け取れるように信頼できる議員を選んで監視する

✒ まとめ

　ディベート力は議会制民主主義のリーダーに必須の技能です。世の中の課題に対する深い理解や知識が必要です。さらにクリティカル思考で様々な時事問題，社会問題に評価を行い，自ら問題の解決法を見つけ，それを人に客観的に伝える訓練が必須となります。

第3章

ディベートを知ろう：
民主主義の英雄グラッドストン

　これから第2章で示した前提に基づき，英国やオックスフォード大学とゆかりのある代表的なリーダーを題材にします。彼らの数ある実績の中でもユニオンとの関連に焦点を当て，ディベートに必須なクリティカル思考を体験していきます。まずはグラッドストンで，**議会制民主主義の立役者**です。学生時代はユニオンのプレジデントとして活躍します。

📑 なぜグラッドストンを知っておくべきなのか？

　今の日本でウィリアム・グラッドストン（1809-1898）が話題になることは，ほとんどないと思います。でも，明治時代の福沢諭吉や大隈重信たちは，民主主義の推進という観点から，グラッドストンに心酔していました。両名が創設した大学の学風にも影響を与えています。どのような理念のもとに教育をしているのか，そのルーツを知るヒントにもなります。

　グラッドストンは英国で唯一，首相を4回も務めています。自由党の政治家として労働者階級にもとても人気があり，「人民のウィリアム」と呼ばれていました。特に，既存の富裕層の権限を守る保守党に対抗し，民衆にも様々な機会を与える改革を実行した指導者と考えられています。具体的には，小学校の義務教育の実現や，労働組合法の制定にも尽力しました。

　彼は，議会制民主主義の発祥の英国で，最も優れた政治家の1人で，今でも見本とされます。2007年まで11年間も英国の首相を務めたトニー・ブレアも，グラッドストンを政治の手本にしていました。ニックネームは，「トニー・グラッドソン」です。英国の議会制度をまねた日本でも，有能な政治家を目指す人は，彼の活動を通して学ぶことは多いでしょう。

ディベートトレーニング❶

📚 ディベートの基本を味わう

　本書で扱うオックスフォード式ディベートは，**パーラメンタリー・スタイルという英国議会の方式**に準じたものです。主催者が選んだ特定の「動議（Motion）」と呼ばれる議題について，賛成と反対の立場から意見を述べ，議論を聞く聴衆が結果の優劣を多数決で判定します。

　それでは，手始めにディベートの雰囲気を味わいましょう。動議を発表します。以下の提案に対して，15分で自分の意見を表1にまとめてください。生まれた月が奇数の方は「賛成」，偶数の方は「反対」の意見を書いてください。

「グラッドストンの銅像は，ただちに全て撤去すべきである」

表1　トレーニングシート

・賛成の理由 　その根拠 ・反対の理由 　その根拠

📝 最初のフィードバック

　いかがでしょうか。この最初のトレーニングに，無理を感じる方もいるかもしれません。「そもそも，なぜこのような問題を解かなければならないのか」，そんな声が聞こえてきそうです。

　このトレーニングの目的は，競技ディベートの性質を知ってもらうことにあります。まずルールとして，時間内に結論を出す必要があります。今回は15分ですが，これは「世界大学ディベート選手権」で一般に与えられる時間です。この大会は40年以上も歴史のある世界最大の大会で，2020年度の優勝はオック

スフォード大学のユニオンのチームです。

ディベートで何を議論するかは事前に知らされません。時には知らないことや，関心がない動議についても議論します。今回は，日本で馴染みのないグラッドストンに関することです。

たとえ関心のある動議であっても，必ずしも普段自分が思っている意見を主張できるとは限りません。賛成側か反対側かは，直前に示されます。その場で自分の立場を明確にし，時間内に発話をまとめ人前で発表します。しかも，「他人を説得できるように，わかりやすく」です。

この「予想不測の事態に決断を迫られる」は，リーダーになった人が日々経験していることですね。将来，リーダーの役割を果たすための疑似トレーニングと言えます。

今回は，自分の意見をまとめるだけでした。でも本番で最も厄介なのは，反対の立場の相手と競わなくてはならないことです。結果に優劣をつけられるのに，相手の発言内容の予測は難しい点です。しかもその場で，自分の主張が，対抗する側より優れていることを聴衆が納得するように伝えなければなりません。このような競技ディベートの基本を表2にまとめました。具体的にどのように対策をしていけばよいのか，少しずつ見ていきます。

表2　ディベートの基本

①	動議は事前に予測できないことが多い
②	決められた時間内に結論を出して発表する
③	自分が普段支持している立場から主張ができるわけではない
④	自分と逆の立場の意見を論破し，第三者を納得させる

📑 まずは動議を分析する

ディベートの課題は，一見したところ，漠然としたものも少なくありません。しかし，その動議を設定した主催者には，選んだ一定の根拠があります。これは，話し合ってほしい課題で，ほとんどが現代の社会の関心となっている事象です。まず動議が与えられたら，「なぜ，この課題を話すべきなのか」をじっ

くりと考えます。もう一度，動議をよく見てください。

「グラッドストンの銅像は，ただちに全て撤去すべきである」

　グラッドストンを知らなくても，**2020年から多くの銅像が撤去されている**ことは，認識しておく必要があります。これらは，今まで偉人や社会に貢献したと考えられていた人々の像です。

　背景には，人種差別が原因と思われる事件の映像がネットで拡散し，社会的な関心事になりました。この差別の根本は，歴史的な植民地支配と奴隷制度にあると考えられています。このため，それに関係した人物の銅像の存在は差別を容認すると考える人々もいます。

　一方でジョンソン首相は，チャーチルなど社会に貢献のある偉人の銅像を壊す運動を公式に批判しました。

　このように，課題を見つけるには，現代の社会的な関心事をよく認識し，その背景を理解しておくことが必要です。このため英国の大学でディベートに参加する人は，書籍などを通じて貪欲に知識を取り込みます。いくらスピーチ力を磨いても，知らないことは話せません。討論相手に判断材料になる知識量で差をつけられないように日々努力します。

　これも実社会の活動と同じですね。外交では交渉相手に，企業活動では競合他社に対して，情報量で負けないのが前提です。

交渉戦略ポイント❶

事前知識を完璧に

・社会的な関心事は常に認識しておく

・知識に貪欲になり，討論の相手に知識量で負けない

 偉大な政治家はユニオンでスピーチ力に磨きをかけた

　さて，ディベートで優劣を決めるのに，情報量の差が影響を与えるというお話をしました。最初の動議の議論を深めるために，もう少しグラッドストンに

関する情報を追加します。

　グラッドストンは貴族の子弟が通う名門イートン校出身です。オックスフォードのカレッジも裕福な子弟が多いクライスト・チャーチに在籍します。大学ではユニオンのディベート運営に積極的に関わり，一層スピーチの技術に磨きをかけます。1830年にプレジデントになり，中心人物として，この組織の繁栄の基礎を作ります。

　重要視したのは「自由な議論」です。どのような課題の解決法も，関係する人の立場により，利点も欠点もあります。ディベートは，これらを賛成と反対の立場から議論し，多数決で決議を行うことが原則です。この大きなメリットは，自分の論点の最大の弱点を，相手が明確にしてくれることです。これを克服しない限り，勝敗を決める聴衆は説得できません。

　グラッドストンは大学卒業後，すぐに庶民議員になりますが，その後もユニオンに愛着を持ち続けます。後輩たちにも，熱意と努力，知識習得を説いています。今でもユニオンにはグラッドストン・ルームがあり，ディベートの練習や委員会の会議がここで行われています。

人民のヒーローも，はじめは奴隷制度の擁護者から

　グラッドストンは，最初は保守派でした。学生時代は，ユニオンのディベートで選挙権を庶民に拡大する法改正の動議に反対しています。この時代は，富裕層の特権を守ることが英国の国益にもなると考えていたようです。

　彼の父は，奴隷制によるカリブの砂糖農園で莫大な富を築きました。父の影響は強く，ユニオンで「奴隷制の即時廃止」が動議になった時も，反対の演説をしています。また最初は，保守党の庶民議員として選出され，英国議会で奴隷制の廃止に反対の演説をしています。

　やがてグラッドストンは，英国の**社会的な矛盾を解消する**のが自分の役目だと目覚めます。このために富裕層支持の保守党を離れ，社会の改革を行う自由党に移ります。

　ライバルの存在はリーダーを鍛えるうえで役立ちます。グラッドストンには，彼の所属する自由党と対抗する，保守党の代表ディズレリーというライバルが

いました。この人も，作家として成功を収めており，素晴らしいスピーチ原稿を仕上げる才能があります。

　難敵ディズレリーを議論で打ち負かすためには，一層スピーチ力を磨き，戦略をより高度にする必要がありました。二人は，互いにディベートをし続け，グラッドストンの念願の小学校の義務教育も，何度か政権の交代が行われた後にようやく実現します。

　さらにグラッドストンは，労働組合法を成立させ，雇われる側の権利を拡大しました。このような教育や労働者のための改革は，当然のように既得権を守りたい**上流階級や資本家の強い抵抗**に遭います。これらの支配層に対抗し，社会変革ができたのはなぜでしょうか。

📝 議会でのディベートをうまく活用し社会的弱者を救う

　彼の成功の前提は，議会の討議システムのうまい活用です。まず戦略として，選挙権の拡大により，庶民院の議員選挙に投票できる社会層が下方へ広がります。彼らの権利を保障することで，自由党の支持者は増え，国政選挙で選ばれる党の議員数も増えます。

　議会における法案の採決は，投票による多数決です。つまり自分の率いる政党の議員が過半数を超えれば，法案は通りやすくなります。このため，議会で過半数の政党が与党となり政治の中心を担います。

　問題は，グラッドストンと同じ自由党議員でも，全員が全く同じ考えを持っているわけではありません。また，対する保守党の中でも，法案によっては賛同してくれる議員もいます。この決着をつけるのは，議会における討論で，各党首によるディベートが中心になります。この討議のプロセスが投票の結果を左右するので，コミュニケーション戦略を最大限に活用します。

　グラッドストンは，ディベートには圧倒的な事前準備と徹底したリスナー・センタードで取り組みます。課題に対する念入な調査と分析に基づき，最善の解決策を構築します。そして議会で承認を得るために綿密に戦略を立てます。基本は，特定の階級ではなく英国全体の利益になるという大義名分と，キリスト教的な人間としてのモラルへの訴えです。これらが明確に確立されていれば，

反対する人は少なくなります。

　演説原稿はクリティカル思考を最大限働かせて，反対派や批評家が指摘する観点を予測し，隙がないように仕上げます。後は，原稿を暗記するのではなく，その内容の質問などにも即興で適切に答えられるように，まるで自分の信念を相手に伝えているようになるまで準備を続けます。

　本番の議会のディベートでは，いかに聴衆に感動する内容を伝えられているかを意識し，彼らの反応を見ながら情熱をこめて演説をしました。どんなに素晴らしい演説をしても，意見に賛同し投票してくれないと意味がないからです。

　実際の例として，実現が困難と思われた，初等教育法成立に向けたグラッドストンの具体的戦略を見ていきましょう。

子供の教育はすべてに優先される

　英国は欧米の国に比べて児童教育は遅れており，正式な公立の学校はなく，裕福な家庭の子供は私立で学んでいました。それ以外は教会で学ぶのが中心で，学校に通えるのは半数以下です。特に貧しい家庭では，子供は働かせて稼がせる，お金を得るための投資財だったのです。また子供は資本家や雇用者にとって，劣悪な条件で使える便利で安い労働力でした。

　グラッドストンは，子供たちが全員教育を受けるように「義務教育」にするべきだと考えます。誰に教育の「義務」があるかというと，親です。子供は働かせるものではなく，教育を受けさせる義務がある。つまり，教育を受けさせないと法律によって罰せられます。また雇用者も，子供を働かせると，親の義務を妨害することになります。

　しかし，大きな社会変革には困難がつきものです。実現には義務教育の法案に反対する勢力との交渉が必要です。まず富裕層を支持母体とした保守党は，貧しい層の生活改善には積極的ではありません。彼らは対立政党なのでグラッドストンの自由党の法案には基本的に反対です。さらに，カトリックや他の宗派は，国による教育の導入で，英国国教会の教義を子供が学ばせられることを恐れていました。また急進派の議員は，全てを公立にして無宗教教育を進めることを訴えていました。

このような状況で，議会の投票で過半数を得て法案を通すのは容易ではありません。1870年にグラッドストンは議会を説得するために演説を行います。まず，どの子供も等しく学ぶ権利があり，幼少から過酷な労働に従事させることのないように教育を義務化すべきだ，とモラルに訴えます。さらに保守党に向けて，米国やプロシアの国力が強くなったのは，国民の教育レベルが高いことを説明します。このままでは，英国は人材育成で他国に遅れ，国益にマイナスと訴えます。また法案には，英国国教会の教義を必ずしも教える必要はなく，宗教教育は地域で選択ができるように柔軟性を持たせます。グラッドストン自身は熱心な国教徒なので，これは英断だと言えます。また初等教育法は，義務教育をすぐに導入するものではなく，その前段階の比較的縛りの低いものにします。今後の改善で，公立の学校を増やすことも示唆します。

　以上のように，とにかく児童教育の改善に，明確な一歩を踏み出すことを優先させる戦略を取りました。少しでも支持を得るため議員たちを説得にかかります。反対派の一人ひとりに話かけるように，よどみなく理路整然と情熱をこめて訴えます。結果的に保守党議員の一部の賛成票も獲得し，なんとか初等教育法を成立させることができました。

　その後，選挙に敗れディズレリーに政権を渡してしまいます。1880年の選挙で政権を奪い返し，2回目の首相になります。ようやくこの時に，義務教育を実現する「小学校教育法」を成立させました。彼が議会で活躍できたのは，以上のように戦略的なコミュニケーション力があったからです。

グローバル教養❸

・議会制民主主義はディベートで社会の改善を目指すシステム
・リーダーには戦略的コミュニケーション能力が必須

🔗 グラッドストンの銅像は差別を象徴しているのか？

「グラッドストンの家族は，彼の銅像の撤去に反対しない」

2020年6月11日のBBCニュースで，このような報道がありました。ウェールズのハワーデンという町に，グラッドストンが設立した図書館があります。

彼は1895年に，経済的に本を買えない子供たちのために，自分の蔵書を寄付して図書館を作りました。これは英国首相が建てた唯一の図書館として，今でも地元の人々に愛されています。「自分の娘はいつでも本を読めるのに，貧しい同じ年ごろの子供は本に触れられない」と憂いたそうです。子供の教育の必要性を訴え，義務教育を実現させた彼らしいエピソードです。今回の問題は，この図書館の敷地内のグラッドストンの銅像を撤去しようという運動です。

2020年の5月25日に，黒人男性ジョージ・フロイドさんが警察の過剰な行為で亡くなられました。米国のミネアポリスで起きた，この痛ましい事件の背景には，黒人の方への差別があると考えられています。法律では人の平等が謳われていますが，現実には差別は根強く，解決できない課題も多々あります。

残酷な映像が拡散したこともあり，問題の深刻さがより認識されました。この事件は，「黒人の命は大切だ」という意味の「ブラック・ライブズ・マター（BLM）」運動に，再び注目を集めさせました。BLMは2013年に，ネットで始まった黒人差別に対する抗議行動です。2021年4月の判決で，この事件に関わった警察官が有罪となり，BLMの活動家たちは安堵します。これまで同様の事件で，白人の警察官が無罪になることが少なくなかったからです。

日本を代表する大坂なおみ選手が，2020年の全米オープンテニスで見事に優勝しました。彼女が試合前に付けていたマスクを覚えている方も多いでしょう。黒人差別の事件で犠牲になった方々の名前がマスクには書かれていました。

このような一連の抗議運動は，西欧列国の植民地政策と奴隷制が，今の差別の根本にあるという見方です。この奴隷制に関わった人物の銅像が米国で撤去され始め，英国にも広がります。オックスフォード大学も植民地政策に深く関わったセシル・ローズの像の撤去を決めました。

📝 まとめ　ディベートを楽しむには？

　ディベートでは，現代社会の問題に関する動議が選ばれます。その交渉には，予測困難な課題に対応する豊富な事前知識，短時間での最適な解決法の選択，即興性，および第三者を説得できるコミュニケーション戦略が必要となります。

ユニオンの建物（左の2階にグラッドストンルームがある）
☞本章（第3章）

第4章

逆の立場から考えよう

　クリティカル思考の練習として，いつも自分が支持しているのと逆の立場に立って考えることが有効です。これにより，自分の論点の弱点や，交渉などで相手が突いてくる防御すべき点が明らかになります。この章では，第3章と逆の立場からグラッドストンを評価してみましょう。

ディベートトレーニング❷

今度は逆の立場から

　前章の後半に，グラッドストンの銅像撤去の動議に関する，背景知識を紹介しました。今の時代に，このテーマを話し合う意義が伝わったかと思います。それでは，トレーニング2です。

　「グラッドストンの銅像は，ただちに全て撤去すべきである」

　先ほどの動議と同じですが，今度は立場を入れ替えてください。生まれた月が奇数の方は「反対」，偶数の方は「賛成」の意見を書いてください。ここでは，特に**歴史的背景と現代における課題**を加えてください。なお，**参考になる解答例は巻末に載せています**。

表3　トレーニングシート2

・賛成の理由 　その根拠となる歴史的背景と現代における意味 ・反対の理由 　その根拠となる歴史的背景と現代における意味

ネットの情報のみには，頼らない

交渉に必要な情報の集め方には注意が必要です。参考資料としてよく活用されるGOV.UKという英国政府公式サイトがあります。客観的で，信頼性もあると一般に考えられています。このサイトに「過去の首相たち」というページがあり，彼らの業績を簡単にまとめています。

グラッドストンに関する記述で，「奴隷制」に関連することも書いてあります。父が荘園領主だったので奴隷制廃止に反対したという短い内容です。

もし，植民地や奴隷制に加担した英国のリーダーを見つけ，その銅像を撤去する運動を目的とする人がこの記載を見たとします。すると，政府の公式サイトによる情報ですから，グラッドストンの銅像を撤去リストに加えるでしょう。

先にふれたように，グラッドストンの政治活動の中心は自由主義の立場になりました。自由貿易を推奨し，イギリスの帝国主義的な植民地政策に反対します。また，「奴隷制をなくしたことは歴史的に素晴らしい」と述べています。ところが，GOV.UKのページには，この奴隷制廃止への賛同については記載されていません。少し不公平な気がしますが，なぜでしょうか？

情報には送る側の優先順位がある

ネットには注意すべき，情報を伝える側の量の制限と，質の問題があります。まず，GOV.UKのホームページでは，歴代の首相の業績をほぼ均等にまとめています。そうなると，グラッドストンのように多くの課題を解決した人物の場合，全て載せるのは困難です。

量の問題は，業績の中で伝えたい内容に順位を付け，スペースに入るところまでで情報を切ります。つまり書き手により，「事実の量」が制限されます。質の問題は，内容が書き手の伝えたい意図に左右されることです。これは，送る側の人間が自分の裁量で，重要度を決めることです。その人にとって，関心や利害のあることを中心にネット上で掲載することになります。

スペースが少ないほど，書き手の意図による，一種の情報操作が行われる傾向があります。ネットで大切な情報を集める際は，誰が何の目的で書いている

のか，必ず確認しましょう。「なぜ」書き手が特定の優先順位をつけるのか，クリティカル思考を働かせましょう。

情報も自分の目で見て確かめる

　情報の理解には，「スキミング」と「スキャニング」があります。前者は，ざっと読んで大まかな情報を把握する方法です。後者は特定の情報を確認するために，じっくりと読む技術です。

　ネットの情報はスキミングに適しています。多くのサイトでネットサーフィンをすれば，当たり外れがあっても，大まかな情報はつかめます。しかし，交渉に役立つ重要な情報を手に入れるには，スキャニングの能力を高める必要性があります。

　ディベートで使う情報は新聞，本，公的な資料や，論文を活用し背景や理由を精査する必要があります。できれば直接「見る」，つまり当事者に話を聞くのが望ましいのですが，これは限界があります。いずれにせよ，多くの良質で客観的な情報を手に入れるべきです。

　あなたがネットで見つけた情報は，相手も同じことをして容易に手に入れます。説得力のある議論を行うには，より深い情報が必要です。また，情報の優先順位からすると，ネットは十分に説明するスペースがないので，基本的に**送り手に都合の悪い情報は切っています**。

　実社会も同じで，ネットで集められる情報は，皆さんのライバルや，競業他社の人も当然持っています。重要な案件は，自分の目で見て確かめるのが一番です。できれば論文や本で。

交渉戦略ポイント❷

ネット情報には注意！
・ネットで得られる情報は表層的なものが多い
・ネットの情報は，送り手の意図や都合で，短く加工されている

時間軸とコンテクストでコミュニケーション戦略は変化する

　特定のリーダーのスピーチは，時間軸でどの利害関係者に向けたものか把握する必要があります。もう一度，グラッドストンの例を見てみましょう。時代背景は，英国は世界中の植民地から得た富で社会の上流階級が潤っていました。当初，政治に参加できるのは，このような層か，商工業で富を得た財産を持つ人だけです。議会もこれらの人々で構成されているので，参加できない人，つまり豊かでない人の利害のために政治活動をすることはありません。

　グラッドストンも最初は，自分を候補者にしてくれた保守党のために演説をします。議員として当選すると，貴族層や国教会の利益を最優先させました。特に，自分を支えてくれる父の利権のために奴隷制の即時廃止にも反対します。

　また，奴隷制の廃止が決まった際は，父の利益のために，保持する奴隷の人数に見合う補償金を国から勝ち取ります。ここまでの業績は，富裕層の権益を守るための政治家に見えます。

　この時期の植民地政策や奴隷制に対する彼の態度は，現代の観点では批判の対象となります。「このような差別的行動をした人物の銅像があるのはおかしい」という議論になります。

　イギリスではBLMの一環で，「壊すべき人種差別主義者の60の銅像リスト」が，ネットなどで拡散されました。この運動を進める人には，先ほどのGOV.UKのグラッドストン奴隷制に関するバランスを欠いたページは，壊す根拠となる政府の信頼できる情報になります。

グラッドストンのリーダーシップの本当の評価は？

　グラッドストンは，帝国主義的な植民地政策支持の保守から転向し，自由貿易で国を豊かにすることを目指します。このため植民地の自治を進めようとします。

　彼は偉大な政治家として尊敬され，イギリスに11以上の銅像がありました。

その多くが作られたのは，庶民の権利の拡大に情熱をかけたからです。彼は自由党を率いて，議会に代表者を送れない人々の権利の確保を目指します。選挙権の拡大で，より多くの人が選挙に参加できるように努めました。また，前述のように富裕層にとって得にならない，子供の義務教育や，労働者の権利の拡大を実現していきます。

　これは既存の特権階級に対する，かなり困難な社会の変革の実現です。支配層の反対を押し切って，目的を達成させるために，強いリーダーシップや交渉力が必要でした。確固たる信念のもと，まず仲間を増やして，議会で発言力を高める。これを可能にしたのが，日々鍛えた演説原稿を書く力と，ディベート力です。

　なぜ，彼が富裕層の擁護から庶民の権利獲得へ転向したのでしょうか。若い頃の行動に，自戒の念があったのかもしれません。やがて1844年には，奴隷制によって作られた砂糖の保護に反対し，父と袂を分かちます。ブラジルなどの奴隷制廃止を訴え，「奴隷制はキリスト教の国で行われた最も汚辱の犯罪だ」と宣言します。

　彼がユニオンの若者たちに伝えたのは，向上心を持ち，ディベートを通した訓練に励むことです。課題解決のために，日々努力し学び，批判的に考え，人に伝える力を磨くこと。自分の矛盾に満ちた人生の賛否も，いずれユニオンで討議されると考えていたのかもしれませんね。

　2020年6月15日のBBCの報道では，グラッドストンの銅像の撤去に反対する地元住民2500名が署名活動を行いました。庶民のために建ててくれた図書館に，感謝と愛着を持っているからだそうです。

交渉戦略ポイント❸

リーダーの評価は変わる
・リーダーの行動は時間軸とコンテクストで評価が変わる

📝 まとめ

　偉大な政治家と賞賛されるグラッドストンも，時間軸で評価が分かれます。彼の初期の足跡は，人種差別と関連し，現代でも問題を引きずっています。この例のように，様々な資料に基づき事実を集め，時間軸やコンテクストを把握し，動議を客観的に評価することが重要です。

ハリー・ポッターの映画で使われた
クライスト・チャーチの階段　☞第5章

第5章

オックスフォード大学の伝統とは

　ここでは，なぜリーダーにディベートが大切なのか，オックスフォード大学の成り立ちや伝統的な教育制度から考えていきます。この際，国家を担う人材輩出という観点から，国王や国教会との関係を確認します。また，ユニオンで中心的な学生の多くが所属する哲学・政治・経済学科（PPE）を例にして，学習方法の特徴を見ていきます。

📑 リーダーを目指す世界の学生を惹きつける伝統

　オックスフォード大学は，大学評価で代表的な『タイムズ・ハイヤー・エデュケーション』において2016年から2021年まで5年連続，世界大学ランキングで1位に選ばれています。ここはノーベル賞受賞者を47名輩出しているだけでなく，英国の首相の中で28人も学びました。さらに留学生として学んだ中には，米国のクリントン大統領，インドのガンジー首相，パキスタンのブットー首相など，世界的な政治家も数多くいます。このような伝統から，現在も世界中から優秀な研究者や将来のリーダーを目指す若者を惹きつけています。

　それでは学生たちは，どのようにリーダーシップを身に付けていくのでしょうか。答えは，自由な議論とディベートだと思われます。そして客観的な説得力をつける論文執筆です。

📑 大学は自由な議論をするところ

　自由な議論とは，一定のルールの下に独自の考えや意見を交換し，思索を行うことです。これが，ギリシア時代以来の西欧における学問の伝統です。現在

の大学の基礎は，中世の11-12世紀に体系化されました。

　この時期イタリアで，古代ギリシアやローマの知識を学ぼうとする集団が自然発生的に生まれました。ボローニャに，ヨーロッパ各国から法学を学ぶ者が集まります。この集団には都市の市民権を持たない外国人も参加したため，居住権などの問題を抱えていました。これらを解決するために「組合」を作り，市と様々な権利の交渉を行う必要がありました。この組合を意味するラテン語のuniversitasが，英語の大学universityの語源です。当時は，私塾のようなもので，組合が契約で教師を雇い，師弟関係のように学問に取り組みます。特定のキャンパスなどは持たず，時には移動して学ぶ集団でした。

　大学は，自治や権利を保つために，市民との間に軋轢が起こることがありました。時には，学生たちの奔放な行動が原因で住民との抗争も起こります。これが「タウン（town）とガウン（gown）の戦い」の始まりです。タウンは市民権を持つ町の住民であり，ガウンは研究者たちの服装に由来しています。

　紛争が起こると，大学の組合は集団で市を出て行くことで圧力をかけます。実際，ボローニャの大学組織は，数回にわたり他の都市に移動しました。大学の存在は，市にも経済的なメリットなどの恩恵があり，彼らを留まらせるために交渉に応じます。

　一方，パリにも12世紀に大学が生まれます。こちらは神学が中心で教師たちの組合が教育をはじめます。彼らは教会から給金をもらい，学生を指導しました。ところが，イタリアと同様に，市民との抗争が起こります。大学は，自治を守るため移動することで対抗します。この時，国力を上げたいと考えていた英国王ヘンリー２世が，学者たちをオックスフォードに招きます。パリの紛争が収まると戻る者もいましたが，そのまま英国に滞在する学者もいました。これがオックスフォード大学の起源となります。さらに国王は，学生がパリ大学に行くのを禁止したため，英国にも大学が根付くようになります。

　このように西欧では，自治組織として大学が形成され，自由に国や都市を移動していました。構成メンバーの出身も多様で，様々な権力から独立し学問を追求していました。これが学問の自由の成り立ちです。国や政治家は大学自治に介入しないという伝統となります。

　13世紀にオックスフォードで大規模なタウンとガウンの戦いが起こり，大学側の被害は大きくなりました。このため安全と自治を保つために，学問を行う場所として特定の居住場所が設立されます。防御のために，居住地の周りを壁で囲み，これが現在のカレッジの原型となります。1249年にユニバーシティ・カレッジ（University College）ができ，続いて1263年にベリオール・カレッジ（Baliol College）が設立されます。Collegeはラテン語の「仲間の集まり」を意味するcollēgaが語源となっています。まさに教師と学生が壁の内側で寝食を共にして，家族的な環境で学問を追求する場となります。

グローバル教養❹

・大学の起源は，自由な議論や学問を行うために様々な権力から独立
・身の安全のために仲間と寝食を共にして師弟関係で学ぶカレッジが始まる

西洋の伝統的な教育

　中世のヨーロッパの学問体系は上位の学部として，神学，法学，医学の3つがありました。また，これを学ぶ前提として，文法，レトリック（修辞学），ロジック（論理学），と算術，幾何学，天文学，音楽という7学部があります。それぞれには，特定の必読書があり，それを基に教師と学生が協働で学んでいく形態でした。つまり現代のようなカリキュラムというものではなく，書物と討議を通して，知識や思考法を習得する形態をとっていました。

　特にルネサンス期においては，実践的教育を求め，人間性の育成に主眼を置き，文法，レトリック，ロジックという言語にかかわる「三学」が重要視されます。これはギリシア哲学者のアリストテレスの考えに基づき，言葉を正確に伝え，適切に理解を行い，論理的な思考や著述を行うものです。さらに，議論の相手を説得し，自分の主張を正当化するなどの点に主眼が置かれます。人は**言葉によって思索を行い，口述や記述によって世の中の真理を解明していく**ことが前提とされてきました。

この言葉に重きを置く点は，教育の方法としても重要視され，教師と学生が師弟関係のように，議論を行う過程を通して学ぶ手法が重んじられます。このため，書物を活用するチュートリアルという1対1の個別指導が伝統的となります。この形態は，現在でも英国の大学や大学院において教育システムの中核となっています。

📝 人文・社会学系学部生のチュートリアル： 読む，書く，議論する

オックスフォードの特徴は，学部生は主に所属するカレッジの教授陣からチュートリアルを受けます。カレッジはそれぞれ，独自の入試や人事権，予算を持っています。

ユニバーシティは，このカレッジの集合体で，学部や学科の全体を統括し，各コースの内容やカリキュラムを管理しています。試験の出題や評価基準などもユニバーシティのプログラム委員会で決められます。つまり，学生がどのカレッジに属していても，学部・学科ごとの同じ教育目標を共有し，到達度も共通の指標で測られます。このためユニバーシティの最終試験の成績は，カレッジ間の評価の指標とされ，毎年結果が公表されます。

オックスフォード大学は1年間に**8週間の学期が3回**あります。10月からのミカルマス（Michaelmas），1月からのヒラリー（Hilary），4月からのトリニティ（Trinity）です。カレッジに属すると，週に最低1，2回はチュートリアルがあります。ここでは，事前に論文であるエッセイのテーマと必読書が示されます。学生は，それを完成させて持参し，チューターと1時間ほどの議論を行います。今では1回の指導に1〜3人の学生で行うこともあります。

このエッセイの課題は，専攻した内容に関するものです。例として，人文・社会学系で最も人気の高い，哲学・政治・経済学科（PPE：Philosophy, Politics, Economics）を見てみましょう。それぞれのエッセイは，本を8〜10冊ほど批判的に読み，独自の見解を述べる必要があります。学期は8週間という短期間ですが，その間におおよそ70冊位は読まなくてはなりません。単純計算で年間に200冊以上となり，3年後の卒業時には，**600冊以上は読む**計算に

なります。

　英国では専攻のことをメジャー（Major）ではなく，リーダー（Reader）と呼びます。例えば経済学の専攻はリーダー・オブ・エコノミックス（Reader of Economics）で，まさに経済の分野の**重要な書籍を読みこなしたことの証**となります。先に述べたように，中世の大学にはカリキュラムはなく，書籍の内容を基に議論を行い学んでいました。この本に重きを置く教育は，現在でも引き継がれています。

図書館の町オックスフォード

　前節で見たように，人文系・社会学系の場合は，多量の本を読みこなさなくてはなりません。当然，学生自身が全てを購入することは経済的に困難です。このために図書館が大きな役割を果たします。オックスフォード大学には，いくつ図書館があるかご存じですか。

　答えは，101以上もあり，その中心はボドリアン・ライブラリー（Bodleian Library）です。1610年にロンドンの書籍出版業組合と，「登録した全ての書物のコピーをこの図書館に収蔵する」ことを合意します。やがてこれが，「登録していない物は，複写できない」という，出版者の権利を保障する**コピーライトの起源**となります。

　以来，本は自動的に増え続け，今は1,300万点以上の書籍と400名以上の職員がいます。18世紀に大英博物館ができるまでは，英国の国立図書館の役目をしていました。毎年，収蔵する書籍が増殖するため，当初は地下を掘り貯蔵室を作っていました。やがて限界が来て，2010年にオックスフォード近郊のスウィンドンに，大規模な図書の保管所を建築しました。ボドリアンの図書館の書籍は，貴重なオリジナルの書籍ということで基本的に貸し出しはできません。

　カレッジも，それぞれが図書館を持ち，学期中は24時間開館しています。所属する学生が希望を出せば，大抵の書籍はカレッジが揃えてくれます。また修士や博士課程では，カレッジより，専門の教授陣が多い学部での研究が中心になります。当然ながら専門の書籍を数多く揃える必要があり，学部や付属の研究所も独自の図書館を持っています。

このように，教育の基本である多量の書籍を読んで学ぶシステムを実現させるために，数多くの図書館が存在しているのです。

📑 日本のリーダー教育との違い

インターネットやSNSの影響もあり，一般の人の読書量は下がっていると思われます。これは世界共通の課題ですが，オックスフォードなど英国の学生が読む量は減りません。つまり近年は読書量の二極化が起こっているようです。

一方，日本では，どの層も満遍なく本を読まなくなっているようです。2018年の日経新聞の報道によると，日本の大学生の53%は1日の読書量がゼロという結果になっています。

先日，日本を代表する某国立大学の学生対象に，オックスフォードに関する講演を頼まれました。短期で英国を訪問して将来像を描くという素晴らしいプログラムの参加者で，英語力も高く，いずれも熱心な方々です。ところが，専門書を読んだ数をお聞きすると，10冊以下の方も少なくありませんでした。

前に述べたように英国では，600冊ほど読みこなす学生がいます。この読書は，単に中に目を通すというのではありません。内容を把握したうえで批評を行い，討論などで「**問題解決に活用できる知識**」つまり「**インテリジェンス**」にするものです。

結果的に日本のグローバルで活躍すべき人が，ビジネスや政治の場面で西欧のエリートと対峙する際に，書籍によるインテリジェンスの差は歴然です。日本の将来を担うリーダーたちは彼らと対等な知識で交渉ができるのでしょうか。

交渉戦略ポイント❹

基本は多読
・多読により問題解決に活用できるインテリジェンスを身に付ける

残念な日本の大学の現状：先生が足りない

　質の高いエッセイや論文が書けるようになるための指導は，かなり大きな負担です。隔週に最低１度は１対１または２で，ディスカッションを行い，試験で学生の論文の採点もしなくてはなりません。これを実現するには，教員１人当たり担当する学生数は限られます。例えば，オックスフォードでは平均すると１人の教員が約５人弱を担当します。

　残念ながら，日本の国立大学の教員の担当する学生は平均11人弱で，倍以上の学生を指導します。私立大学は，国の補助はあまり期待できないので財政的に厳しく，１人当たり20人強の学生を担当しなくてはなりません。日本の大学や学部には，卒業論文の執筆を必須にしていないところもあります。実はこれも財政上の問題です。全員に卒論を書かせることを要件としなければ，教員１人当たりの担当人数の目安が，20人から40人に増やすことができます。つまり，より少ない教員で賄うことが可能となり，厳しい財政が助かります。

　英国の大学では，**議論を通し論文を書かせることが教育の大きな柱**なので，小人数教育を重視しています。日本は，覚悟を決めて１人の教員が多くの学生を指導しているのが現状です。

なぜ英国の学生は本を大量に読むのか？

　ではなぜ，SNSなどの誘惑も多い中，日本の学生とは異なり，英国の学生は読書をするのでしょう。答えは学習システムの違いで，自然に本を読まされるコンテクストがあります。英国の大学の期末試験は，１科目のテストにおいて，３時間ほどかけて論文を書きます。課題は，抽象的な問いも多く，例えば「世界の流動資産は不足していると言えるか」などです。

　このような漠然とした問題に答えるためには，多くの書籍をクリティカルに読みこなしておく必要があります。そのうえで先行研究を引用して領域の定義を行い，課題について焦点を明確にします。さらに自分の考えを客観的に伝達し，相手を説得する必要があります。

期末試験に備えるため，学部で統一の必読書や，それに関連した推薦書が予め提示されています。教官たちは，これらの書籍の内容をすべて把握し，それらを評価した研究論文も熟読しています。このため，学生が特定の部分をそのまま引用したり他人の意見を拝借したりすると，すぐに指摘されてしまいます。

　このような多読を通した課題をこなすためにも，学生が自由にアクセスできる多くの蔵書を抱えた図書館が必要となってくるのです。

オックスフォードの始まりは神学の聖地

　オックスフォード大学は神学の研究に重きを置いてきました。特に，中世以降は国王の支援を受け，キリスト教について学問を行う中心となります。16世紀の後半から，大学のモットーは，旧約聖書の「主はわが光（Dominus Illuminatio Mea）」となり，キリスト教の教義をより深く学ぶ場として宣言されました。

　前述のように，起源は英国王ヘンリー２世の大学の誘致なので，他の国や都市にある大学に比べると，王室とは伝統的に親密な関係があったと思われます。しかし，基本的には学問の自由は守られ，各カレッジにおいて中世の伝統に沿って研究が行われてきました。

　この神学の聖地オックスフォードは，宗教改革時期の３人の君主，ヘンリー８世と，その２人の娘メアリ１世，エリザベス１世によって数奇な運命をたどります。

英国王室とオックスフォードの関係

　オックスフォードと王室の関係が，より密接になったのはヘンリー８世（1491-1547年）の時代です。この王は1509年に即位すると，亡き兄の妻であるスペインの王女キャサリン・オブ・アラゴンと結婚します。２人の間には，後に女王になるメアリ１世（1516-1558年）が生まれます。しかし，王位を継ぐ男子ができず，ヘンリー８世は離婚を決意し，女王の侍女であるアン・ブーリンと結婚しようとします。ところがローマ・カトリックでは離婚は禁じられて

おり，教皇に反対されます。このため，英国国教会をカトリックから分離させるという宗教改革を行います。つまり，自らが国教会の首長になることで離婚を成立させます。

ブーリンとの間には娘ができます。これが，後のエリザベス1世（1533-1603年）です。しかし，国王が望んだ男子ができないため，ブーリンは離婚させられ，処刑されます。カトリックから自由になったヘンリー8世は，合計6回も結婚します。

ヘンリー8世は，カトリックの修道院所有の土地財産を没収し，臣民に分け与えます。これにより，宗教的にも経済的にもローマ教皇の支配から英国の独立が可能となりました。

英国国教会の理念的な正当性を唱える必要があり，オックスフォードは，そのためにも活用されます。1524年にカトリック修道院から没収した財産や土地を活用し，新たに神学を研究するカージナル・カレッジ（Cardinal College）が創設されます。ヘンリー8世は，このカレッジを再構築して，国王ヘンリー8世カレッジ（King Henry Ⅷ College）を作ります。これが後にクライスト・チャーチ・カレッジ（Christ Church College）となります。このカレッジには，今でも国王の肖像画があります。見事なダイニングホールや階段は，映画ハリー・ポッターの撮影場所で有名になりましたね。

ヘンリー8世は，このような経緯でオックフォードのカレッジを保護し手厚く支援します。彼の狙いは，神学の聖地であるオックスフォードに自分を支持するカレッジを発展させ，英国国教会の正当性の擁護をさせる目的もありました。

🖊 カトリック系のカレッジの創設

しかし，ヘンリー8世の死後，即位したメアリ1世はカトリックの復興を目指します。彼女の母は，ヘンリー8世の最初の王妃である前述のキャサリン・オブ・アラゴンです。メアリ1世は，母の影響を受けた熱心なカトリック信者でした。王位を継承すると，英国国教会の弾圧を始めます。

彼女は目的のために手段を選ばず，**国教会の信者を次々に処刑**していきます。4年間の治世の間に，およそ約300人を殺害し，「血まみれのメアリ（Bloody

Mary）」と恐れられます。トマトジュースを使ったカクテルのブラディ・メアリは，この女王が由来と言われます。彼女は，反対派を宗教裁判にかけ，「異端な邪教を信じ正統なキリスト教を汚す者」として処刑する，いわゆる魔女狩りを活発にします。

神学の聖地であるオックスフォードは，メアリ1世にとって，邪魔な国教会の指導者たちに対する粛清の場所として選ばれます。英国国教会を代表する司祭や大主教の3人が，街の中心のブロードストリートで，見せしめに火あぶりで処刑されました。現在も，この場所の道路に十字の印の埋め込みがあります。また，この殉教者たちの銅像がセントジャイルズにあります。

メアリ1世の時代には，カトリック系のトリニティ・カレッジ（Trinity College）もオックスフォードに創設されました。このように，オックスフォードは英国の宗教対立の象徴的な場所となります。

🖸 王室との関係の強化

メアリ1世の死後に即位したエリザベス1世は，再びローマ・カトリックの力を排除します。彼女は国教会を確固たるものにするために，1563年に「英国国教会の39箇条」を制定します。さらに1571年，ヘンリー8世と同様に，オックスフォードにジーザス・カレッジ（Jesus College）を設立します。国教会の教義をより正当化するための大学の利用も目的でした。エリザベス1世は，父が重要視したクライスト・チャーチ・カレッジも保護します。

その後，王室とオックスフォードの関係は一層深まっていきます。1625年に国王となったチャールズ1世（1600-1649年）は，度重なる外交の失敗や，戦争継続のための課税問題などで議会と対立します。1642年に市民革命が起こり，国王の反対勢力である議会派から身を守るため，オックスフォードに逃げます。クライスト・チャーチに4年間滞在し，国王の本拠地とします。歴史的にオックスフォードは王党派が多く，国王にとっては安全な地でした。

チャールズ1世はオックスフォードで1646年に議会を召集します。これはオックスフォード議会と呼ばれますが，結局うまくいかず内戦は続きます。最後は，クロムウェルらが率いる議会派の軍に敗れ，1649年に処刑されます。王

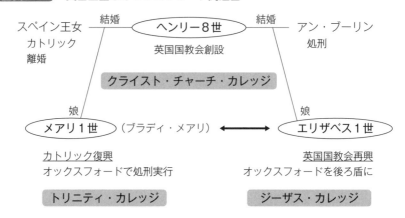

図表5-1　英国王室とオックスフォード関連図

スペイン王女　　　―結婚―　　ヘンリー8世　　―結婚―　　アン・ブーリン
カトリック　　　　　　　　　　　英国国教会創設　　　　　　　　処刑
離婚

クライスト・チャーチ・カレッジ

娘　　　　　　　　　　　　　　　　　　　　　　　　　　娘

メアリ1世　（ブラディ・メアリ）　　←→　　エリザベス1世

カトリック復興　　　　　　　　　　　　　　英国国教会再興
オックスフォードで処刑実行　　　　　　　　オックスフォードを後ろ盾に

トリニティ・カレッジ　　　　　　　　　　　ジーザス・カレッジ

政は廃止され，クロムウェルは護国卿となり，短期間ですが共和制の国となります。

　しかしクロムウェルの死後，王政が復興しチャールズ1世の次男のチャールズ2世が王座を継ぎます。1665年のペストの流行の際は，チャールズ2世は宮廷をロンドンからオックスフォードに移します。**人が密にいる大都市は感染がひどいため逃げ出したのです。**

オックスフォードが国政を担うリーダーを輩出する理由

　以上のように，中世の大学の伝統を受け継ぎ設立されたオックスフォード大学は，王室との関係が強まります。特に英国で起こった宗教改革では国教会とカトリックの覇権争いの渦中に置かれます。権力者たちは神学としての聖地を自陣に取り込むことで，正当性を唱え権力を確実にしようとします。また，大学は国王と議会の対立において，王党派の支持基盤としての役割を果たします。以後，大学は英国の政治や宗教との関係を発展させます。

　このような伝統から，大学で教える者も学ぶ者も，**国家について考え，その将来を担うリーダー育成を目指す**ことが自然に行われていきます。つまり，国家的リーダーを輩出する土壌が脈々と培われてきたのです。例えば，クライス

ト・チャーチは，前述のグラッドストンを始め，キャメロンなど13人の首相を
輩出しています。

グローバル教養❺

・大学では多読と論文を書くことが教育の大きな柱
・オックスフォード大学は国家について考え，将来を担うリーダーを目指す伝統が
　ある

✏ まとめ

　オックスフォードが大学ランキングで世界一になる秘訣には，学生の多読に
よるインテリジェンスの構築を支える数多くの図書館が欠かせません。未来の
リーダーたちは，先人の残した英知をクリティカルに議論し，独自の課題や解
決方法を見つけ論文の執筆に取り組みます。ここでは王室との緊密な関係もあ
り，国家について考え，社会貢献をできるように学問に打ち込みます。

Column

ヘンリー8世の交渉術

　ヘンリー8世は，もとは熱心なカトリック教徒でした。ルターの宗教改革を批判
した著書も執筆しています。彼は国王になった時わずか10歳で，亡くなった兄の妻
のスペイン王女と婚約させられます。本人は嫌だったようです。しかし，当時の英
国は力が弱く，大国のスペインとの良好な関係を保つ必要がありました。実は，カ
トリックの教会法では，兄の妻との結婚は教義に反しており，この結婚は，教皇か
ら特別な赦免を得て成立しました。

　ヘンリー8世はカトリック教徒で，離婚はできないことは承知していました。そ
こで，「教皇の特別な赦免による結婚は，教会法の教義に違反しているので無効であ
る」という観点で交渉を試みます。この交渉は失敗しますが，カトリックからの離
脱により，その財産を没収し，世界に冠たる海軍を構築する財源とします。結果的
に英国国教会の設立は，財政的にも世界最多の植民地を手に入れる基礎を作りました。

第6章

世界一のディベート組織
オックスフォード・ユニオン

　オックスフォードの各カレッジでリーダーを目指す学生は，ディベート組織のユニオンに参加することが多くなります。ここでは，より詳しくユニオンの活動をみていきます。

学問の自由の活性化

　オックスフォードでは次第に英国国教会の影響が強まり，カトリック教徒や他の宗教の信者には学位を与えませんでした。また，中産階級を排除し，一部の特権階級のみ教育の対象とされ，中世からの学問の自由も硬直化し衰退期を迎えます。大学の教授職は聖職者の閑職とみなされ，授業を重視しない教員もあらわれます。

　ようやく19世紀初頭に，既存の固定した観念から脱却し，様々な面での改革が行われ始めます。学問の自由を一層明確にし，自由な議論やディベートを活発にする流れを加速させます。

　特筆すべきは，「国家の議会において活躍できる人材を輩出し，国政の知的拠り所」となることを明確にします。**英国のリーダー育成の役割を宣言した**のです。この教育法として，アリストテレスの哲学の重要性が再確認され，レトリックやロジックを重要視し，その成果として**議論や論述の高度な習得**を目標とします。

　1800年に「試験法令」が定められ，試験制度も明確になります。これ以降，1科目につき，3〜4時間の筆記試験が行われます。さらに，「名誉試験制度」ができ，優秀な成績を収めた学生にインセンティブを与えています。

ユニオンの設立

　伝統的にオックスフォードでは，ディベートが重視されています。13世紀に設立されたベリオール・カレッジでは，設立当時の校規に，「学寮長によって公表された題目を週に1度は全員が集まり討論する」と定められています。

　教育制度の変革に呼応するように，1825年にオックスフォード・ユニオン（Oxford Union）が学生によるディベート組織として誕生します。学問の自由は保障されていますが，学部生が自由に討論を行うことは推奨されていませんでした。学生たちは，次第に自分たちの独自の考えを自由に議論したいと考え始めます。

　ユニオンの最初のディベートは1825年の4月にクライスト・チャーチで行われます。1829年には先述のグラッドストンがユニオンのプレジデントになり，ディベート組織を確立します。彼が首相を4回も務めることで，将来の政治家を目指す学生を一層惹きつけるようになります。

　世界のリーダーの輩出に貢献をしているユニオンの具体的な活動を見ていきましょう。

世界のリーダーとの交流機会と一流の社交術

　ユニオンは大学の学生や関係者であれば，登録料を払えばメンバーになれます。これで各学期に行われる50以上の全てのイベントに自由に参加できます。

　重要なイベントとして「ゲストスピーカー」があります。これは，政治，経済，アカデミック，芸術などの第一線で活躍するスピーカーが招聘される行事です。私が参加した例は，ノーベル経済学受賞の行動経済学者セイラー教授，ビットコイン創始者ライト博士，ネパールやバルバトスの首相，コカ・コーラCEOのクインシー，歌手のビリー・ジョエルなどです。

　「ユニオンへの招待」は**世界のセレブの名声の1つ**で，断る人はいないと言われています。学生組織のため資金難で講演料はでません。それでも，多くが電話一本で駆け付けてくれます。

　このイベントは，ユニオンのプレジデントや主要委員がコーディネーターを

務めます。事前の打ち合わせから，見送りまで対応するので，一流のゲストと人脈が作れます。彼らが，ゲストのスピーチや，インタビュー形式の討議を進めていきます。後半の30分から40分ほど，一般メンバーとの質疑応答があります。参加者はこの時間帯に，クリティカル思考で日頃抱えている疑問を，直接世界のリーダーにぶつけます。

　これ以外に，複数のスピーカーが討論を行う「パネル討議」があります。これはゲストが2人から5人招かれ，特定のテーマについてディスカッションをするものです。例えば，毎年，中国の「天安門事件」のパネルを行います。これは1989年に，中国の民主化運動を，政府が武力で鎮圧し，多数の若者が犠牲になった事件です。以後，中国では言論の自由は制限されています。この時の学生リーダーで生き残った人たちは，海外に亡命し，今でも外から中国の民主化を進めようとしています。ユニオンでは毎年のように，このリーダーたちを集め，中国では禁じられている天安門事件の討論を行います。

　実は，オックスフォードには中国人留学生も多く，いずれ国を代表して活躍する人材です。本国では情報統制されていても，ユニオンでこのような生の情報を聞かされると，現実を直視せざるを得なくなります。

　また，ソーシャル・イベントは肩の力を抜いてメンバーの交流を深めるものです。クイズや，ジャズパーティーがあります。2020年のフォーマル・パーティーは「華麗なるギャツビー」の時代がテーマで，参加者は皆，米国が最も華やかだった1920年代のファッションで参加しました。このようなイベントは，各カレッジの枠を超えた親交や友人作りが可能です。

🔗 伝統のメイン・ディベート

　数ある行事で最も重要なのは，学期中の毎週木曜日に行われる伝統のメイン・ディベートです。競技ディベートとは異なり，学期前に動議が発表されます。学生だけでなく世界的な政治家や弁護士，各分野の専門家も討論者として招聘されます。伝統的に討議はフォーマルなため，男性はタキシードに蝶ネクタイ，女性はイブニング・ドレスを着用して登壇します。メイン・ディベート

はマスコミも注目し露出度も高いので，幾分ショー的な要素もあり，カリスマ性のあるゲストのスピーチで結果が左右されることもあります。

　伝統ある議場のディベーティング・チェンバーの出口は左が「賛成（Ayes）」，右が「反対（Noes）」と分かれています。ディベート終了後にそれぞれを通った聴衆の数で優劣を決めます。

　数々の歴史を変えてきた，この華やかな場でディベートができるのはユニオンの委員会メンバーです。彼らは，世界から招聘された一流ゲストと討議するだけでなく，共にディナーやカクテルパーティーに参加でき，**最高の人脈作りが可能**です。

　このオックスフォードの学生が憧れる委員会の代表「プレジデント（President）」に選ばれるには，優れたディベート力だけでなく，**複雑な選挙活動を勝ち抜く能力**が必要です。パキスタンのブットー元首相も，英国のジョンソン首相も，この選挙で敗れ深い挫折を味わいました。その後，両名とも不屈の精神で再挑戦し，栄光の座を手に入れます。

　それでは，世界のリーダーを目指す学生たちが所属するユニオンの組織を見てみましょう。

✏ ユニオンの組織

　ユニオンでは第ゼロ週（0th week）と呼ばれる学期前の1週間と，学期中の8週間の合計9週間に，前節で紹介したイベントが合計50ほど行われます。主に，平日に多い日で2つのイベントが開催されます。たいていは日中のチュータリングに影響がないように，夕方5時以降に始まります。例えば木曜日の5時にゲストスピーカーの講演があり，8時30分からメイン・ディベートがあるという具合です。忙しい学業の中で，50ものイベントをこなすには，強力な組織の運営力と学生同士の密な協力が必要となります。

　多様なユニオンの行事を企画し運営するのは，学生によるユニオン委員会（The Oxford Union Committee）です。図表6-1にこの組織図を載せています。

　この委員会の代表はプレジデントで，イベントの運営を統括し，すべての活動に関する決定権を持ちます。プレジデントを支える主な役職として「図書委

員長（Librarian）」，「会計委員長（Treasure）」があり，この２名は木曜日の
ディベートで正面中央に座るプレジデントの両脇に座ります。これら３名と
共に，議場のデスクに座りディベートなどの発言記録を取る「秘書
（Secretary）」の役職があります。ユニオンのメンバーによる選挙で選ばれた，
以上の主要４ポストはメイン・ディベートでは花形です。観衆の大きな拍手と
共に，著名人とその日の討議者を先導して議場に入ります。慣例として，プレ
ジデントになる前に，多くの学生が図書委員長や，会計委員長，秘書の要職を
務めます。

図表6-1 ユニオンの主な組織図

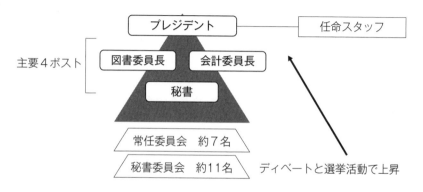

これら主要４名の下でイベントの企画や運営をするのは，７名ほどの「常任
委員会（Standing Committee）」です。彼らも同様にユニオンのメンバーの選
挙で選ばれます。この合計11名で定例会議が開催されます。会議では主要４名
が中心になり，イベント全体の運営方針を決めます。

さらに下位組織の実働部隊として「秘書委員会（Secretary's Committee）」
があり，11名ほどで構成されています。彼らは，イベントが行われる際の会場
の設営準備や，ゲストや聴衆の誘導なども含め，様々な雑用をこなします。こ
れらの委員以外に，イベント前後の広報やマスコミ対応など専門的な業務を行
うための任命スタッフがいます。

📝 最終目標は世界のリーダーと親密になれるプレジデント

委員会メンバーの最終目標はプレジデントになることです。とても名誉ある地位で，経験者には，英国だけでなくコモンウェルスなど，後に世界中で活躍する人が多数います。

ユニオンの規定によるとプレジデントの権限は大きく，すべてのイベントやユニオン運営の最終決定権を持ちます。最も注目の高い木曜日のメイン・ディベートでは，中央の台座で進行をとり仕切ります。プレジデントは，スピーカーがいかに有名人でも，不適切と思えば，討論を遮ることができます。時には，延長することを認めます。また，ディベートの間に設けられている，フロアー・ディベート（Floor Debate）の時間に聴衆の中から討議者を指名します。このディベートは3分ほどの短い時間で，その日のディベートの動議に関して，自由に討論ができます。この中で優れた討議者に与えられる賞を決めるのもプレジデントです。私も選ばれてディベートを行いましたが，残念ながら賞はいただけませんでした。

このメイン・ディベートの前にはプレジデント・ディナーが開催されます。当日討論する著名な政界や財界人，社会的活動家と，その同伴者が招かれるのです。同じようにディベートをする学生もゲストとして招かれ，これらのセレブの横に座り会話を楽しみます。まずは，ドリンクが振る舞われ，フォーマルディナーとなります。委員会の中から特定のメンバーも参加が許されます。プレジデントが中心となり，これら著名人をもてなしたり，交流をしたりします。また，ディベート終了後には，ゲストスピーカーの慰労も兼ねてプレジデント・ドリンクの宴が開かれます。この最後の仕上げもプレジデントの大切な役割です。ユニオンの学生にとって，これらの交流は，**世界から集まるリーダーと直接対話をし，交流を深める絶好の場**です。

ディベート以外にも，前述のゲストスピーカーやディスカッションパネルには，著名人が招待されます。これまで，チャーチルやサッチャーといった歴代英国の首相だけでなく，レーガン元大統領，グーグルのCEOシュミットも招聘されています。彼らを直接もてなすのも，プレジデントの仕事です。ゲストの最終的決定権はプレジデントにあるので，自分が知人になりたいと思う世界

のリーダーを招くことができます。このように，プレジデントは自然に世界の著名人との交流や人脈作りが可能になるのです。また，この名誉ある地位に就くことは，その人の履歴書の輝かしい実績となります。例えば，世界中に広がるオックスフォード大学の強固な卒業生ネットワークの中心に刻まれます。

今も就任すると，ユニオンのOBの最高権力者から祝福の電話がかかり，「次世代のリーダー」として将来を嘱望されます。これが誰なのかは，プレジデントのみ知る，公然の秘密となっています。将来のリーダーたちは，必然的に特権の多いプレジデントを目指します。

交渉戦略ポイント❺

早くから世界を目指す

・学生時代から世界のリーダーと交流する機会を持つ
・ディベート力を身に付けて世界を目指す

☑ 変わるプレジデントの条件

プレジデントの任務は高度なリーダーシップが必要な重責です。ユニオンのイベントは大掛かりで世界的に注目も高いからです。頻繁な行事を共に運営するスタッフを指導し，協力を得て成功裏に導かなければなりません。さらに，各界のリーダーと直接対話や適切な交渉が可能な**高度なコミュニケーション戦略**が必要とされます。しかし，プレジデントたちは，皆これらを見事に完遂し8週間にわたる50以上のインパクトの大きなイベントを成功させます。重責を達成できる学生が選ばれるのは，その選考のプロセスに理由があります。

かつてユニオンは閉ざされた組織で，パブリックスクール出身者で内々に運営されていました。このような時代は，裕福な子弟の多いベリオールや，クライスト・チャーチなど伝統あるカレッジ出身者がプレジデントになることが多かったのです。彼らは入学前からネットワークを持ち，入学後も似たような階級の出身者が多く在籍するカレッジでグループを形成しやすいのです。このた

め，選挙で選ばれるのも，裕福な階級の白人男性が多かったのです。

　ところが，ユニオンは大学からの援助のない独立採算制です。資金収集のため，後に英国首相になるヒースのプレジデント時代から，メンバーの増員を積極的に行ってきました。今は重要なディベート訓練に関しても，出身に関係なく，入学前や入学後に手厚く補助をしています。

　同時に，大学の国際化や女子学生の増加に伴い，学生の構成も多様化しています。2020年の女子学生は，全体の47.8％です。また，英国籍以外の学生も約40％もいます。さらに大学の努力もありBAEM（Black and Ethnic Minority）と言われる非白人の割合は約20％になっています。

　当然，ユニオンに所属するメンバーも多様化しています。今や委員会も，上流階級の子息の白人男性中心というイメージはありません。プレジデントや他の委員会はメンバー全体の直接選挙で選ばれます。結果的に，幅広い参加者の支持を得る必要があり，もはやパブリックスクール出身というだけでは選挙に勝つことは困難です。

📑 まとめ

　2020年度のプレジデント2人はインド系の女性です。この年のヒラリー学期は，主要4ポストが全て女性でした。プレジデントのサラはインド人で，会計委員長のメラニーはナイジェリア出身の黒人です。また，秘書のジュネーバはニュージーランド出身です。コモンウェルスから集まった優秀な学生が中心となり運営しています。

　このように今では，世界からリーダーを目指す若者が，一流のディベート力と交渉力を身に付けるため，ユニオンに集まるのです。

第7章

プレジデントへの道は
ハッキングとディベート対決

　世界的な人脈が構築できるユニオンのプレジデントになるには，優れた選挙戦略と交渉力，そして何より圧倒的なディベート力が必要です。それでは2020年のプレジデントの選挙戦を見てみましょう。

ユニオンの伝統：ハッキングとスレート作り

　プレジデントと委員会メンバーの選挙は，次の次の学期の候補者を選びます。例えば，2019年4月のトリニティ学期の第7週に行われる選挙は，同年10月から始まる次のミカエルマス学期の委員の選出ではなく，その次の2020年1月から始まるヒラリー学期の選挙となります。これは，選ばれた委員たちが次の学期を準備期間として活用するためです。

　選挙活動は，図表6-1で示した最下部の秘書委員会メンバーに選出されることから始まります。オックスフォードには「ハック（hack）」という独特の言葉があります。これは，どのような団体の中でも，より高いポジションを目指す，上昇志向の強い学生の活動を意味します。

　組織で上に立つためには，**自分を売り込み，他人に認めてもらいながら**トップへの階段を昇っていく必要があります。特に注目度の高いユニオンの委員会の場合は，この階層を昇り詰めるのは容易ではありません。主要な委員は，ユニオンの会員全体による選挙で決まります。この選挙で支持票を得るためには，様々な戦略を身に付ける必要があります。

　図表6-1の最下部の秘書委員会は，大学に入学したばかりの1年次の学生が多く立候補します。選挙に立候補するには，**ユニオンの様々なディベートで討議する**ことが条件です。これは，メイン・ディベートの前に行われる「緊急

ディベート（Emergency Debate）」，前述のメイン・ディベートの最中のフロアーディベート，そしてメイン・ディベートの後に行われる「アフターディベート（After Debate）」の機会を利用することになります。これ以外に，大学対抗の競技ディベートの参加経験や，大会での成績結果も重視されます。

　選挙前になると「スレート（Slate）」という集団ができます。これはプレジデント候補を筆頭に選挙活動を行う派閥で，政治色のない政党のようなものです。メンバーは固定されておらず，選挙のたびに新しいスレートが作られます。

　通常プレジデント選挙は2人の対立候補が競います。彼らは，当選後に共に委員会の仕事をしてくれる仲間を自分のスレートに誘います。そして，この人たちに図書委員長，会計委員長，秘書などの主要ポストに立候補してもらいます。このメンバーが中心となりスレートを広げ，派閥の支持層の拡大を目指します。このスレートに，常任委員会の候補者も入れて，票集めをしていきます。さらに，同じカレッジの新入生や，ディベートのワークショップに新たに参加した有望な学生を誘い，下位の秘書委員会に立候補してもらいます。

　スレートは，派閥の立候補者に投票してくれる人を共同で増やします。例えば，知人に「自分はプレジデントに立候補するので，図書委員長はこの人，会計委員長はこの人に投票して」などと頼みます。選挙活動は，学期中の終盤の投票日まで続き，属するカレッジの学生を中心に票固めをしていきます。投票してくれそうな人を捕まえることを「ハッキング（hacking）」と言います。選挙が近づくと，各スレートは，大学の様々な場所でハッキングに忙しくなります。

　私はディベートのワークショップだけでなく，ユニオンのイベントにほぼ出席し，質疑応答で積極的に質問しました。自然にユニオンの委員会の学生と接する機会も多く，複数のスレートからハッキングを受けました。場所は，たいていパブから始まります。まず，フェイスブックのアカウントを教えるように頼まれます。メッセンジャーで数度メッセージを交換した後，選挙活動が始まります。特定のポジションに立候補するから投票してほしいと連絡が来ます。この際，自分のスレートの候補者にも投票するように依頼があります。選挙直前には再確認の連絡があり，さらに当日には選挙に行ったか確認してきます。

カレッジの仲間であれば，JCR（Junior Common Room）という学部生の交流の場で説得ができます。それ以外は，SNSが簡単で早いので活用されます。ただし，自分のアカウントも教えることになるので，当然SNSでハッキングする相手は，慎重に選ぶ必要があります。ユニオンや他のディベートに頻繁に参加している信頼できる常連を狙うことになります。

今は，SNSが活用できますが，かつては候補者自身がハッキングをして歩きました。ジョンソン首相は，一度やぶれプレジデントに再度立候補した時，該当する学生の部屋を全て訪問し，説得して回ったことで有名です。知らない学生の扉もノックして回るのは，かなり勇気が必要ですね。

選挙活動でフォロワーを増やす

各スレートは，定期的に会合を開いて票を読み，次の戦略を練ります。スレートが勝利しても，最下位の秘書委員会メンバーの役目は末端の仕事に限定されます。イベント運営に積極的に関わるには，その上の常任委員会に選ばれなければなりません。

常任委員会の立候補からは敷居が高くなります。自分で一定の票を集めなくてはなりません。このために，様々な会合などで**ネットワークや人脈作りをしておく必要があります**。この常任委員会になれば，メイン・ディベートや，ゲストスピーカーの行事の運営を任されます。一流ゲストとの折衝や，当日の応対ができるのです。この経験はユニオンの活動の実績となり，次の選挙の公約である自分のマニフェストに記載できます。

メイン・ディベートは学期に8回あり，学生は毎回2人から4人ディベートを行います。このため学期で30名ほど学生の枠があります。委員会のメンバーになれば，メイン・ディベートに討議者として立つ可能性が高くなります。このディベートで成功すれば，ユニオンの一般のメンバーからも記憶され，選挙に優位になり，後の昇進もしやすくなります。

常任委員として際立った業績や，高度なディベート技術があれば，上位ポストの秘書に立候補しやすくなります。例外もありますが，一般的に秘書に選考され任務を終えた後に，次の学期で図書委員長や会計委員長に立候補します。

どの職に応募するかは，本人の希望というより，スレートの戦略で，誰がどの地位に立候補するか決まります。

　プレジデントの立候補者は，マニフェストにこれまでの実績を記載します。このためユニオンで主要委員を務めた経験が必須となり，図書委員長や，会計委員長での実績をアピールすることになります。多くの場合，図書委員長と会計委員長が，次の次の学期のプレジデントを争うことになります。

　2019年4月に始まるトリニティ学期では，**図書委員長のサラ**と**会計委員長のチャーリー**が2020年1月のヒラリー学期のプレジデント選挙の主な候補者でした。サラはインド出身の女性で，カレッジは歴史の浅いセント・ヒューズの所属でした。チャーリーは白人男性で，これまで何人もプレジデントを輩出している名門ブレンノーズ・カレッジの所属です。2人とも優秀なディベーターで人望も厚いため，接戦が予想されました。この学期は3人目の候補者アミーもいましたが，この2人とは実力差がありました。

交渉戦略ポイント❻

意識して人脈を作る
・リーダーとして選ばれるために人脈作りの鍛錬をしてフォロワーを増やす

ビジネス・ディベートで決まったプレジデント

　プレジデント選挙の結果を左右するのは，学期の終盤7週に行われるメイン・ディベートの**候補者対決**です。これは「プレジデント・ディベート」と呼ばれ，投票結果に大きな影響を与えます。選挙戦では，自分のスレートをうまく活用し，事前の票集めをすることは重要です。しかし，ユニオンには浮動票が多く，彼らは最後のディベートで投票する候補者を決めます。

　メイン・ディベートは，競技ディベートとは異なり，事前に動議も与えられ，エンターテイメントの要素も大切です。うまく聴衆を惹きつけ，自分の立場に賛同させる必要があります。プレジデントを選ぶポイントとしては，クレバー

さ，討議のうまさ，信頼性，そして何より人物としての好感度です。好感度の指標には，ウィットやユーモアのセンスも大きく影響します。

　2020年のヒラリー学期のプレジデントを目指すディベートは，2019年のトリニティ学期の6月のメイン・ディベートで行われました。この時の動議は，「億万長者であることは不道徳だ（It Is Immoral To Be A Billionaire）」でした。これは「ビジネス・ディベート」と呼ばれる種類で，企業や資産家と社会との課題を討議するものです。持続可能な社会の実現に向けて，資本主義や市場経済の在り方を問う動議を扱います。

　チャーリーとサラは，それぞれ最初のスピーカーとして，賛成・反対の立場に分かれてディベートを行います。この動議では，階級社会の英国で格差が問題になっているため，立証しやすいのは賛成の立場です。これに反対ということは，「億万長者は道徳的に悪いことではない」という意味も含み，大金持ち弁護の要素があります。

　両サイドの1番手のスピーカーは，ユーモアのセンスが必要です。これは，相手側のスピーカー全員を紹介する役目があり，この際に観衆に面白く伝えるという伝統があります。

　チャーリーは，この動議賛成派の最初のディベーターです。テーマと自分の論点を簡単に話した後，選挙のライバルであるサラについて，ユーモアたっぷりに紹介しました。サラはインド出身ですが，高校は中東のデュバイで過ごしました。また，彼女のカレッジはセント・ヒューズです。ここはカレッジの中でも最も北に位置しており，オックスフォードの裕福な人々が暮らすサマータウンという町にあります。チャーリーは，「サラが，億万長者は道徳的でない，という動議に反対するのは当然かもしれない。なにせ，彼女は億万長者の住むデュバイで高校生活を過ごしたのだから。オックスフォードに来ても，やはり大金持ちが多く住む北オックスフォードに最も近いカレッジを選んだしね。」

　この紹介内容は，聴衆だけでなく，そのようにコメントされたサラ自身も笑っていました。その後，本論である動議について，**億万長者とその企業が税金逃れをしている例を複数挙げ**，不道徳さを強調しました。流暢で，自信に満ちた討論でした。

　一方サラは，賛成派の紹介に入る前に，チャーリーの主張を論破することか

世界的リーダーを生むオックスフォード大学とユニオンのディベート

ら始めます。億万長者と，不道徳さを別のコンテクストでとらえます。「裕福な人が全員税金逃れをするわけではない。また，税金逃れをするという不道徳さを，億万長者でなくても持つ人はいる」と述べます。即興でチャーリーの主張である，「億万長者と税金逃れの必然性」を論破します。これは，彼の発言を聞きながらその場で構築した反論でサラの聡明さと機転がよく伝わりました。

　その後，チャーリーと委員会メンバーで働いた素晴らしい経験に言及し，感謝の言葉を述べます。これは，チームとしてのまとまりを大切にする点を強調する効果がありました。苦戦が予想される動議内容において，道徳的の定義を明確にし，「それはお金のあるなしでは決められない」という観点から議論しました。全体の論旨の組み立ても明確で，完成度はかなり高いものでした。両者ともプレジデント候補にふさわしい，ゲストに負けない見事な討議でした。

　第8週に開票結果が出ました。2020年のヒラリー学期のプレジデントはサラが務めることになります。結局，ディベート対決の優劣が結果に影響を与えたようです。

ディベートトレーニング❸

チャーリーへの反論

　以下のチャーリーの主張に対して皆さんならどのように反論するでしょう。上のサラの要旨を参考にして反対意見を述べてください（巻末に解答例あり）。
「世界一の金持ちであるベソスが代表を務めるアマゾンは，2018年の米国連邦税を全く払っていない。減税やタックスヘイブンなど法律の抜け穴をうまく利用したからだ。税は国民の社会保障に使われる大切な資源だ。彼の1分の給料は，アマゾン社員平均給与の1年分だ。億万長者であることは非道徳的である。」

あなたの反論：

 まとめ

　プレジデントは，委員会の下積みの仕事から始め，カレッジや他の組織で人望を構築する必要があります。スレートを作り選挙活動を成功させるために，リーダーシップや交渉力が必要とされます。これらの戦略を身に付けたうえで，最終的に重要なディベート力を磨いていきます。このように課題解決のための**一流の交渉力を身につける努力をし続け，世界を目指す**のです。

世界的リーダーを生むオックスフォード大学とユニオンのディベート

北オックスフォードのサマータウンにある
セントヒューズ・カレッジ　⤳本章（第7章）

ディベート力を
いかに身に付けるか

　それでは，英国連邦のリーダー育成方法である競技ディベートの形式を見ていきましょう。

📑 競技ディベートとは？

　ユニオンのディベート訓練は世界大学ディベート選手権方式で行われます。これは，世界50か国以上の大学が参加する最大規模の大会です。これらの国ではディベート力がリーダーに必須と認識されています。一般に**競技ディベート**と呼ばれ，審判団が主に勝敗を決めます。参加チームは1組4人で，2チーム同士が動議の賛成と反対に分かれて対抗戦を行います。

　どちらのチームが動議に賛成，反対のサイドになるかは，その場で決められます。動議が発表されると**15分間の準備時間**が与えられます。各チームの4人は2人ずつペアとなり，前半組と，後半組に分かれます。この2人組で相談し，時間内でディベートの準備をします。前半組と後半組は別々に準備するので，同じチームでも互いの話す内容を予測できません。

　1人当たりのスピーチの時間は7分から10分と大会によって多少異なります。ディベートが始まると賛成派，反対派が交互にスピーチを行います。

　図表8-1に，スピーカー8人のディベートの流れと，それぞれの基本的な役割を載せています。

　まず賛成派の最初のスピーカー①が動議について議論の定義を行い，その正当性を立証します。続いて反対派の1番手②が，賛成派の議論の弱点や過ちを指摘したうえで，反対を立証します。この後，前半の賛成派の2番手③が続き，その後に反対派の2番手④が討議行います。この各2番手は，自分のサイドの

1番手の主張をサポートし、さらに相手側の議論を論破します。

　この後、後半に移り、賛成派の3番手⑤が議論を行います。続いて反対派の3番手⑥が議論をします。これらの2人は、まず前半の自分のサイドの攻撃された点を防御し、自分側の有利になるように議論を補完します。そのうえで、相手の議論を論破します。その後に、新たな見解も述べる必要があります。賛成・反対のそれぞれの4人目の⑦、⑧は、これまでの、すべての議論をまとめたうえで、いかに自分サイドが有利であるか論証します。彼らはウィップと呼ばれ、各陣営の議論の集約と結論を述べます。

図表8-1　ディベートの流れと基本的な役割分担

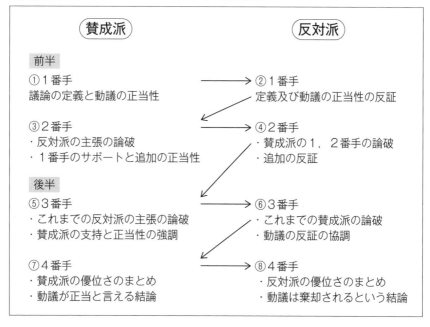

なお、ディベート中に、相手の話を遮り、短い質問や矛盾点を指摘する機会もあります。これは、ポイント・オブ・インフォメーション（Point of Information：POI）と呼ばれ、挙手をして、その意思を示します。ただし、各スピーチの最初と、最後の1分間はできません。また、相手側にPOIの機会を与

えるかどうかは，スピーカーの裁量に任されます。自分のスピーチが終わった者は聞くことに専念できるので，POIを積極的に試みます。

📑 ディベートで必要とされる技術と知識

　ディベートを行うには，豊富な事前知識とコミュニケーション戦略が必要です。いずれの競技者も15分の短い準備時間に，各自のスピーチを完成させる必要があります。内容を整理し，論点をまとめ，論理性を構築するために簡単な文章にまとめます。チーム2人の内容が被らないように，役割分担など戦略を練ります。また，相手側の主張を予測し弱点を防御します。

　このような作業に時間がかかるため，当然その場で動議内容に関して調べる時間はありません。つまり，**すでに持っている知識を，効率よくまとめる力**が必要となります。このため大前提として，より多くのインテリジェンスが必要となってきます。

　次に大切なのは即興性です。お互い，相手側が何を話すのか予測はつきません。また，同じサイドでも，前半の話者の内容は，後半の話者には事前にはわかりません。さらに，ディベートが進むうちに，それまでの賛成派・反対派の内容にコメントをしなくてはなりません。

　このために，他者のスピーチの内容を正確に把握し，弱点や不十分な論点を指摘することが必要です。それに加えて，準備した自分の観点を盛り込んでスピーチを展開しなくてはなりません。また，相手側の突然のPOIに答える必要があります。

　つまり，かなりの集中力が要求され，予定していたスピーチの内容を，**議論の流れに合わせ，即興で修正し再構築**していかなければなりません。

　以上のように，ディベートには様々な学習能力が必要となります。動議を分析する幅広いインテリジェンスの事前構築，課題解決のためのクリティカルな思考，短期間で最善の議論を構築する能力などです。さらに，ペアで協力して戦略を練る力，相手の発言を聞き取り，論旨の矛盾や欠点を指摘する能力も必要です。このため，ディベートを続けることで，コミュニケーション戦略を自然と磨くことができます。このような技術を身に付けるために，ユニオンの学

生は，毎週開かれるディベートのワークショップに参加して実践練習に臨むことになります。

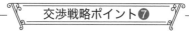

ディベートで交渉力を磨く

・ディベートにより即興で柔軟に自分の意見を再構築できる訓練をする
・相手の発話を正確に把握し，クリティカルに評価できるようにする

ユニオンのディベート・ワークショップ

　ワークショップは目的によって，レベル別，ゲスト主催，女性用，ESLなどがあります。これらに先立ち，学期の初めにパブで懇親会もあり，様々な相談に乗ってくれます。

　レベル別ワークショップは，初級・中級・上級に分かれて学期中に定期的に開催されます。各ワークショップは委員会のディベートメンバー2名がオーガナイザーを務めます。彼らは英国気質で自慢話をしませんが，パブなどで話を聞くと，本格的なディベート競技に参加している学生たちです。中にはヨーロッパ・チャンピオンや世界大会の決勝進出者もいます。

　レベルにより曜日が異なり，私が参加している初級ワークショップは，毎週日曜の夜7時30分から行われています。内容は次のようなものです。

　①その日のトレーニング・テーマの説明と動議の提案
　②ディベート体験
　③オーガナイザーからのフィードバック

　①は，競技ディベートの説明や，ディベートの役割ごとのコミュニケーション戦略を説明します。各回のワークショップでは，図表8-1で示した，1番手から，4番手のスピーカー特定の役割を順にテーマとして扱います。例えば，初回は賛成派1番手としての戦略を学びます。

ワークショップ参加者には，*The Oxford Union Guide To Schools' Debating* というガイドブックが配布されます。これは，競技ディベートの手法やルールなどが要約された，とても役にたつバイブルです。ただし，オーガナイザーはガイドブックを使って説明をするわけではありません。ディベートの基本はあっても，優秀なディベーターになるには，**自分の個性を活かし最適な戦略を構築している**からです。

①が終わると，②で参加者が実際のディベートを行います。まずその日の動議が発表され，ディベートの各役割が与えられます。賛成・反対，および担当箇所はその場で決められます。参加人数が丁度8名であれば1室で行いますが，多い場合は2グループに分けられ，片方は別の部屋に移動します。自信のない参加者は，オーガナイザーと共にジャッジの役割を行います。

③では，オーガナイザーが全体の評価を行い，各個人の討議に詳しいコメントをしてくれます。慎重に言葉を選び，できるだけ肯定的に改善点を伝えてくれます。彼ら自身が経験豊富な一流のディベーターなので，フィードバックは内容が濃く，適切でとても参考になりました。

実は，私はサラにハッキングされ，彼女のスレートに入っていました。これは，参加した最初のワークショップのオーガナイザーがサラだったからです。

📤 失敗したら謙虚に出直すユニオンの伝統

私は2019年以来，ずっと初級のワークショップに参加しています。時には経験豊富な学生も，このレベルに参加します。英国的な「控えめ（reserved）」なのかもしれませんね。高校で競技ディベート経験者や，ユニオンのメイン・ディベートを経験済みの学生もいます。

初級ワークショップでチェンという中国人の学生と仲良くなりました。実は，彼はかつて会計委員長を務め，すでにメイン・ディベートでスピーチをしています。

「君みたいに経験があるのに初級なの？」

と，チェンに聞いたことがあります。すると，こう答えました。

「覚えているだろう。僕はこのあいだ，プレジデントに立候補して負けたん

だ。問題があるとしたら，ディベート力だと思う。もう一度，基礎から学ぶのさ。」

　選挙で負けた悔しさをバネに，また一からディベートの練習に励んでいたのです。実は，サラたちと同時期にプレジデントに立候補したアミーとも，初級でディベートをしました。彼女も同様に，再起を目指すため最初からやり直しに来たのです。1度選挙に負けたジョンソン首相が，ここで昔そうしたように。

　プレジデント選挙で敗れると，失意のうちに組織を離れる人もいます。しかし，再起を目指す者は，伝統的にディベートのスキルを磨いたり，スレートを再構築し支持を広げたりして，謙虚に一から出直します。

　再練習の甲斐もあり，チェンは2021年10月から始まるミカエルマス学期のプレジデントに選出されました。

📱 その他のワークショップ

　ゲストワークショップは，学期に1回ほど外部の講師が招かれ，直接手ほどきをしてくれます。彼らはかつての世界チャンピオンなどで，現在も様々な所でディベートを指導している専門家です。レベル別ワークショップと同様に，その場で動議が与えられディベートを行います。特に印象に残るアドバイスは，**メモを見ずに自分の言葉で聴衆に語りかける重要性**です。

　女性用ワークショップも学期に1回開かれます。かつてユニオンは男性中心だったため，女性のディベート参加を促進する目的で始まったのかもしれません。現在のユニオンのメンバーで物怖じする女性は稀です。しかし，まだ世界には女性が自由に発言することを制限されている国もあります。これらの国出身の学生にとっては，男性の前でどのようにスピーチを行えばよいのかヒントを得る機会となります。

　ESL（English as a second language）ワークショップは，英語を母国語としない学生が，ディベート力を身に付けるための手助けを行うものです。英語ネイティブでない者の課題は，話すスピードです。制限時間に盛り込む論点が限られてきます。このため観点を少なめに絞り，じっくりと討議をすることが有効となります。このようにユニオンでは，自分のレベルや目的に合った，有

効なディベート練習を積む機会が数多く用意されています。

📖 英国の保守党の首相たちが楽しんだディベートとは？

オックスフォード大学には，ユニオン以外にもディベートを行う様々な組織があり，有名なのはオックスフォード保守党（The Oxford University Conservative Association）です。

これは1924年に設立された，保守派の政治活動を学生の立場から支援する組織です。英国保守党に所属するOBの議員をゲストスピーカーに招いたり，選挙活動を行ったりしています。この組織から，キャメロンやメイ，ジョンソンなどの歴代の首相や大臣を輩出しています。

しかし，この団体に入会するのは保守党支持者だけではありません。ユニオンの主要なメンバーもここに属しています。その理由は，市内中心部のセントジャイルズ教会のホールで行われる興味深いディベートです。学期中の毎週日曜日の午後8時30分からP&P（Port and Politics）というディベートが行われます。このディベートはユニークで**ポートワインを飲みながら政治に関する討議**を行います。入場料は1回10ポンドで，準備しているポートワインとソフトドリンクがなくなるまで飲み放題です。保守党の年会費は10ポンドで，会員になればP&Pの参加は毎回5ポンドになります。しかも初回は無料なのです。

お酒をたくさん飲む者には朗報であり，学生たちの興味深い討議も聞けます。たいていの学生は政治論議よりも，様々なカレッジの学生が集まる社交の場として利用しています。伝統を守り，正装で議論をする学生もいます。ユニオンと違うのは，ディベートが始まる前に，スピーカーも聴衆も多くがすでに酔っている点です。

ここでは毎週，直前に2つの動議が発表され，その場で新たな動議が加えられます。1人のスピーチの長さは制限され，最長2分程度です。例えば動議は以下のような漠然としたものです。

「アメリカは，かわいそうだ（This house feels sorry for America.）」

このような動議だと内容の解釈が自由で，話者のウィットでいかようにも賛成・反対の討議ができます。ディベートを仕切るチェアがいて，賛成・反対の

観点から交互に，聴衆の中で手を挙げた者を指名していきます。ポイントは，聴衆の多くは酔って大声で話しているので，彼らが聞くようなスピーチをしなくてはなりません。

　ただ大声を出すだけでなく，**観衆を惹きつける技術**も必要となります。彼らは面白い討議を期待しているので，ウィットやユーモアがあるものでないと聞いてくれません。あまり真面目な話をすると，すぐにブーイングが起こります。話者の指名はチェアに一任されているので，つまらないスピーチをする者は指名してくれません。このため，発話力のある常連が議場の前列に詰めており，手を挙げて交代で討議をします。

　私もなんとか発言できるように試みました。最初はなかなか指名してもらえないのですが，たまたま発話者が途切れた時に手を挙げて機会が回ってきました。運よく会場の笑いを誘い，それ以来，指名されるのが容易になりました。1つの動議で必ず1回は発話しています。おかげで，交友関係も一気に広がりました。選挙のハッキングを頻繁に受けたのも，この後からです。

　このP&Pのディベートは，競技ディベートを専門とする学生にはあまり好まれません。ここでは，議論の論理性や妥当性よりも，いかに場を盛り上げるかが重要だからです。極端な場合，暴論であっても場の雰囲気を掴み，ウィットに富んだことを大声で話せばよいのです。中には賛成の話をした後，すぐに自分の議論の反対討議を始める者もいます。

　ユニオンのプレジデント選挙が近くなると，委員会の学生の参加も目立ち始めます。彼らの目的は，自分の属するスレート拡大を目指すハッキングです。保守党にはパブリックスクール出身者も多く，彼らを味方にすればスレートは強力になります。ただし，この場であからさまな選挙活動は嫌がられます。皆，純粋に面白いディベートと社交を楽しみたいのです。

　P&Pが午後10時半頃に終わると，多くの学生はそのままブロードストリートにあるパブのキングズ・アームズ（King's Arms）に向かいます。ここで飲み直しをしながら，さらに交流を深めていくのです。保守党のディベートはユニオンとは異なり，友人を増やすための社交術や，声の出し方，ユーモアのセンスを磨くのに役立ちます。また，ここで一旦友人関係ができると長く付き合うことになります。そして，この中から**将来の保守党の首相が生まれる**のです。

☑ その他の代表的なディベート組織

保守党の支持者がいれば，対立政党を支持する学生も当然います。オックスフォード労働党（Oxford University Labour Club）という団体もあります。ここでは，学期中ほぼ毎週月曜日にディベートを行います。また，オックスフォード自由民主党（Oxford University Liberal Democrats）もあり，こちらは火曜日にディベートを実施しています。

これらの団体のディベートの参加には，特に政治活動は求められません。ディベート力を高めたい学生は，時間が許せば保守党，労働党，自由民主党のディベート全てに参加します。

これ以外にも，オックスフォード大学国際ディベート組織（Oxford International Debating Society）という，国際関係問題についてディベートする組織があり，主に水曜日に開催されます。ここは，党派を超えた自由なテーマを扱います。「香港は中国から独立すべき」が動議の時は，会場は超満員となりました。

そして，木曜日にはユニオンのメイン・ディベートです。オックスフォードでは，毎日のように，どこかで大きなディベートが開かれ，活発な討議を行っています。交渉の技術を高めたり，見聞を広めたりするために，**気軽にディベートに参加できるシステム**があるのです。

☑ まとめ

ディベートで勝つには豊富な事前知識と，短時間でコミュケーション戦略を構築する能力が必要です。また相手の討議を正確に分析し問題点を指摘します。さらに，即興で柔軟に自分の意見を再構築し相手の主張を論破します。このために豊富な実践トレーニングが欠かせません。学期中のオックスフォードでは毎日のようにどこかで大きなディベートが開かれます。特にリーダーには，愛される人間味やウィットも大切で，P&Pの参加は有効かもしれません。

第9章

自分の将来像を描く，
ロールモデル理論

　ユニオンの特徴は，将来のロールモデルを数多く提示してくれることです。学生は，目指すべき分野の第一人者と直接交流することで，自分のゴールを知ることができます。目の前の偉人と自分との距離を体感し，何が足りないのか，どのような努力を続ければよいのか実感します。また先人の成功や失敗体験から，これから対処すべき困難も予測できます。これが「ロールモデル理論」です。大学で身に付けた問題解決能力を今後どのように伸ばせばよいのか，**未来の地図が描ける**のです。それでは女性リーダーたちのロールモデルを見ていきましょう。

ユニオンが育む女性リーダーのロールモデル

　2019年2月にベーナズィール・ブットー（1953-2007年）の息子ビラーワルがユニオンでスピーチをしました。彼は，現在パキスタン国民党のリーダーです。冒頭で，「ユニオンに戻ったのは久しぶりで懐かしい」と述べました。

　彼は，2008年1月の「ブットー記念ディベート」に招待されました。仲間に守られ，緊張した面持ちでディベート会場に現れる映像が残っています。実は，この時期に彼が英国にいることも，ユニオンに姿を見せることも危険だと考える人も多くいました。

　パキスタン人民党の党首として，初の女性首相を務めたのがブットーです。彼女は，2007年12月27日，選挙集会で銃撃と自爆テロにより暗殺されます。イスラム圏の国では，女性の地位は高くありません。女性の社会進出を拒むイスラム原理主義集団の犯行と考えられています。

　この時オックスフォードで学んでいたビラーワルは，母の葬儀のためパキス

タンに戻ります。ユニオンは，かつてプレジデントを務めたブットーに敬意を示し，年が変わって2008年の最初のディベートを記念行事に設定します。そして，息子ビラーワルに招待状を出したのです。

テロの直ぐ後でパキスタンは混とんとし，彼も同様に命を狙われる可能性がありました。これは，母の遺言でビラーワルがパキスタン人民党を率いることになっていたからです。

英国は，**2005年7月のロンドン同時多発テロ**以来，イスラム過激派の活動を警戒しています。しかしユニオンは，パキスタンのブットー暗殺事件から1か月も立たないうちに，彼女の記念行事としてのディベート開催を決めます。大勢が集まるユニオンの議場で，このような目立つ行為は避けるべきだ，と主張する人も少なくありません。しかも，犠牲者の息子まで招待する行為は，過激派を刺激すると言われました。

「ユニオンは設立以来，自由な議論の場であることを誓っている。このために，いかなる暴力にも屈しない」これが，開催の主旨です。これに賛同したブットーの息子は，危険を顧みず，招待を受けオックスフォードに戻ります。ユニオンの議場に彼が姿を見せると，満場の拍手で迎えられました。

このブットー記念行事は，今でも毎年行われ，首相を務めたキャメロンやメイなどがゲストスピーカーを務めています。

📧 レディ・マーガレット・ホールとブットー

パキスタンの政治は，英国から独立後，混迷を極めていました。この中でブットーの父は，民主化のリーダーとして，人民党を率いて1971年に大統領になります。

この父の勧めもあり，ブットーは1973年からオックスフォードで学びます。彼女が選んだのは，**1878年最初の女性用カレッジ**として設立されたレディ・マーガレット・ホールです。ここは，女性の自立を目指した教育が始められた所です。ところが1920年まで，女性には大学の卒業資格は与えられませんでした。

ユニオンの最初の女性のゲストスピーカーは，レディ・マーガレット・ホー

ルの校長で，1926年のことです。ユニオンで初めて女性がディベートを認められたのは1962年です。それまでは，例外的に**男装してディベートに参加**することができました。自由主義的なユニオンも，女性の参加に関しては保守的だったのです。

　ブットーの専攻は第5章で説明した哲学・政治・経済学科（PPE）ですが，特に活動の中心をユニオンに置き，積極的にディベートに取り組みます。彼女は，パキスタンの国家リーダーの娘ということで，ユニオンでも目立つ存在でした。そして1976年にプレジデントに立候補します。これは，彼女の父の強い希望でした。「パキスタンの将来のリーダーになるために，ユニオンのプレジデントの経験が大いに役に立つ」と，娘を諭したのです。

　ブットーはディベート力だけでなく，カリスマ性があり，プレジデントに選ばれると思われていました。しかし，決戦のプレジデント・ディベートで失敗します。「自分が当選すれば，父がユニオンに経済的援助をしてくれる」ことを示唆します。これは，「親の七光りは，ここでは意味はない」と考える自由主義的なメンバーの反発を買うことになり，落選します。

　それでも諦めずに，ディベートの向上にも打ち込み，1977年の選挙で，ようやくユニオンのプレジデントに選ばれます。これは**アジア系の女性として初めて**の快挙でした。任期中には，「西側諸国はパキスタンなど途上国をこれ以上犠牲にしてはならない」という，より革新的な動議のディベートを行います。

　ブットーが卒業した年に，家族は悲劇に巻き込まれます。1977年にパキスタンの軍事政権がクーデターを起こし，父が逮捕されたのです。ブットーは帰国し，父の逮捕の不当性を訴え法廷闘争を手伝います。しかし裁判は名ばかりで，彼女の父を処刑することが目的でした。

　父は状況を悟っており，ブットーの身を案じて，母と共に亡命するように伝えます。彼女はこれを断り，最後まで父の支持に努めます。

　結局，最高裁での再審は認められず，1979年2月6日に父は処刑されます。同時にブットーは母と共に刑務所に入れられます。半年後に出所できますが，さらに自宅軟禁にさせられます。

世界的リーダーを生むオックスフォード大学とユニオンのディベート

📲 パキスタンの民主化運動とブットー

　ようやく解放されたブットーは父の志を継ぎ，人民党を率いて民主化運動を進めます。しかし，1981年に再逮捕され独房に入れられます。その後，さらに長く自宅軟禁となり1984年に国際世論の圧力で釈放され英国に亡命します。

　ブットーは海外から民主化の運動を進め，やがて帰国しパキスタン人民党の党首を務めます。軍事クーデターの主犯の将軍が亡くなると，1988年に国民選挙が行われます。ブットーの党は勝利し，彼女はイスラム圏で**最年少の35歳で，初の女性首相**となります。

　その後，汚職問題で首相を解任されます。しかし，1993年に再び選挙で勝利し，首相に再任されます。ところが，1996年にまたも汚職の嫌疑で首相を解任されます。ブットーは活躍の場を海外に求め，国外から人民党の支援活動を行います。

　パキスタンの政局はその後，軍部が力を持ちます。ブットーは2007年，再び人民党の政界復帰を目指し10月に帰国します。帰国遊説の最中に自爆テロに遭いますが，本人は無事でした。これは，彼女の口を封じるのが目的でした。それでも，ブットーは暴力に屈せず遊説を続けます。ユニオンで学んだ「言論の自由」を忘れませんでした。しかし12月，再度のテロで命を落とします。

　そして前述のように，彼女の遺言で，まだ19歳でオックスフォードの学生の息子ビラーワルが人民党を率いることになります。

　汚職のスキャンダルもあり，ブットーの歴史的な評価は分かれています。それでも，アジア人女性初のユニオンのプレジデントを務め，その後どのような圧力にも屈せず，**自由な議論で民主化の運動を進めた**ことは事実です。また，女性の活動が制限されているイスラム圏の国で，自ら活躍の場を広げ，後に続く女性に希望を与えた点は高く評価されています。

📲 レディ・マーガレット・ホールで学んだマララ

　ノーベル平和賞を最年少で受賞したのは，誰かご存知ですか？

2014年に17歳で受賞した女性**マララ・ユスフザイ**です。

2007年パキスタン北部の地域では，イスラム原理主義のタリバンが勢力を持ち，女性の教育の権利を奪い，学校も破壊しました。また，女性で教育を受けようとする者や，その運動を進める者を殺害していきます。2009年，ここに住む11歳の少女が，ペンネームを使い，この状況をブログで綴り，女性が教育を受ける権利を訴え続けます。タリバンがパキスタン政府軍によって排除されると，政府は彼女の行為を称え，実名を公表します。それが，マララです。

彼女はその後，講演会などで「女性の権利」を訴えます。しかし，これがタリバンを刺激し，命を狙われます。2012年10月9日にスクールバスで帰宅中，テロリストによって襲撃され，首と頭に銃弾を受けます。

奇跡的に命を取り留め，身の安全のため英国バーミンガムの病院で治療を受けます。国際連合は彼女の誕生日7月12日を「マララ・デー」と制定します。2013年7月12日に国際連合に招待され，本部で演説を行います。ここで，「自分たちを誰も止めることはできないし，自分たちが声を上げることで変革をもたらす」という演説をします。この時，彼女が身にまとっていたのは，パキスタンの元首相ブットーのピンク色のショールでした。マララは，イスラム圏で**初の女性首相ブットーを自分のロールモデル**としてきました。

マララは，ブットーが学んだオックスフォードのレディ・マーガレット・ホールに進学します。彼女と同じ哲学・政治・経済学科PPEを専攻し，2017年から，2020年まで在籍します。

このホールは，私が所属する教育学部の隣だったので，この時期よく昼食を取りに食堂に行きました。ここは，おいしい食事だけでなく，伝統的に自立を目指す学生への充実した教育でも知られています。

英国の2番目の女性首相

ブットーをロールモデルとした政治家に英国のテリーザ・メイ元首相がいます。彼女の政権担当時のモットーは，「強く安定した政治」でした。いかなる困難にも負けない強い意志で，政治に取り組むという姿勢です。彼女が目指した「強さ」はブットーを見本としたものだと思われます。メイは，学生時代に

世界的リーダーを生むオックスフォード大学とユニオンのディベート

ブットーと親しくなり，人生が大きく変わります。

　まだ，ユニオンで活躍する女性が少ない中，ブットーは堂々とディベートを行い，周りの男性を圧倒します。メイは政治家になることを考えていましたが，ブットーとの出会いで，その夢を強く念じるようになります。彼女の姿を見て，**女性も世の中を変えられる**と考えます。

　ブットーは，先に述べたP＆Pで有名なオックスフォード保守党のダンスパーティーで，メイにある人物を紹介します。同じくユニオンで活躍するフィリップ・メイです。彼も活発なディベーターで，79年にユニオンのプレジデントに選ばれます。彼は，ウォーターゲート事件で米国大統領を辞任したニクソンをゲストスピーカーに呼びます。悪者のイメージの強いニクソンをあえて招聘し，自由な議論を行いました。熱心な学生との質疑応答の映像が残っています。

　メイはフィリップと結ばれ，彼の支えもあり，当初の目標の政治家を目指します。そして，2016年，**英国2番目の女性首相**となります。

　度重なる弾圧や，投獄にも負けずに，自由な政治を目指したブットーは，メイにとって「強い女性リーダー」のロールモデルでした。2019年のブットー記念講演では，首相の責務を終えたメイがスピーカーを務めました。ブットーこそ女性リーダーの見本だと述べています。

☑ プレジデントのサラのロールモデル

　2020年のヒラリー学期のプレジデントは，私がスレートに参加した前述のサラです。彼女は，インド出身のPPEを専攻する女性です。物腰が柔らかく，野心家のイメージはないのですが，芯が強く卓越したディベーターです。

　彼女はプレジデントとして，「新しい時代に目を開く」ことを目標にします。この中で，ユニオンで初めて中国のウィグル問題を取り上げます。2020年のヒラリー学期の3月11日に当時者を招聘し「ウィグル人：忘れられた声」というパネルディスカッションを行いました。海外から自由を訴える「世界ウィグル議会」の代表者，天安門事件のウィグル人の反対派のリーダー，英国で活躍するウィグル人歌手が招聘されました。

　それぞれの立場から，中国政府やマスコミでは発表されていないウィグルに

関する悲惨な生の現状が報告されました。その後に，聴衆との質疑応答が行われたのです。

オックスフォードには中国政府関係者や留学生も多く，共産党員の子息もいます。それでも，ユニオンの「**自由な議論**」のために，様々なリスクを負って実行しました。

サラが特に楽しみにしていたのは，#MeToo運動を始めたタラナ・バークのスピーチです。バークは，ユニオンの議場で大観衆に囲まれ，いかに自然に運動を始めたのか語りました。質疑応答では，女学生たちが目を輝かせて熱心に質問をし，自分の将来を重ね合わせていました。

交渉戦略ポイント❽

ロールモデルを見つける

・自由な議論を尊重し自ら積極的に発言する
・目指すべき偉大なロールモデルを見つけ，それを超える努力をする

📝 まとめ

このようにユニオンは，学生に常に**当事者意識を芽生えさせ**，5年後，10年後，自分がリーダーとしてどのように立ち上がればよいのか，ロールモデルを通じて学ばせてくれます。

メイン・ディベートの議場には，自由な討論に命を張ったブットーの肖像画が，後輩たちを見守っています。彼女の遺志を継ぎ，性別や年齢に関係なく，信念に基づき発言や行動を起こすことを推奨するマララ。親友として勇気づけられ，英国の2番目の女性首相として立ち上がったメイ。そして，#MeTooの創始者を招き，課題の具体的解決法を考証したのはサラです。彼女はリスク覚悟で「自由な議論」のため，ユニオンで初のウィグル人権問題を討議しました。ユニオンでは，2020年のヒラリー学期から3期連続で女性プレジデントが誕生しています。

Part II

リーダーに必要な
コミュニケーション戦略

　第Ⅰ部では，ディベートの基礎から，オックスフォード大学で世界的リーダーを輩出しているユニオンの組織や活動について見てきました。

　ここからは，グローバルな環境で効果的な交渉やディベートができるための思考法や，トレーニングを見ていきます。特にユニオンで収集したデータや，研究の成果を基に，日本でリーダーを目指す方が参考になるコミュニケーション戦略の構築方法を紹介していきます。

"世界の頭脳" オールソールズ・カレッジ上空

第10章

なぜ？ に答える：
英国がTPPに参加する理由

　英語の交渉やディベートで必要なのは，「理由」を説明することです。なぜその事態が起こったのか？　なぜその解決法を実行したのか？　なぜそれが最も適切だと言えるのか？　第1章で確認したように，この「なぜ」という問いかけこそが大学教育の基本でしたね。

　問題解決のために，このような理由を見つけるのに役立つインテリジェンスの構築方法が，**「川を上る」，「海を渡る」という戦略**です。まずは，英国のTPP加盟とコモンウェルスの関連からこの戦略を見ていきます。

なぜ歴史を学ぶ必要があるのか？

　英国は2021年2月，「環太平洋パートナーシップ協定（TPP）」に12か国目として正式に加入を申請しました。TPPは，太平洋地域の加盟国の間で関税の撤廃・減税を行うものです。西欧の英国からは，かなり遠い地域の協定です。なぜ，この政策を選んだのか考えてみましょう。

　第3章では，グラッドストンという過去の人物を題材にして，ディベートの基本的な概念に触れてもらいました。歴史上の過ぎ去った事象から，何か学ぶことがあるのでしょうか。

　日本で習う歴史は，史実と事象を覚えることが中心のようです。英国の大学では，歴史はとても人気のある科目の1つです。これは，**過去の題材を使って今の現象を分析，評価し，未来に活用できる知識**，つまりインテリジェンスの構築に最適な科目だからです。

　大きな社会問題に直面した際に，リーダーが解決策を探す方法として「川を上る」と「海を渡る」という2つの手法があります。前者は，過去にさかのぼ

り，それまでの歴史で同じようなことがなかったか調べます。後者は，他の国で同様の問題に直面していないか確認します。

　この「川を上る」のに役に立つのが，これまで蓄積された専門的な書物で，そこに学ぶべき過去の事例などが記録されています。このため，大学ではできるだけ大量の書物を所蔵し続けます。歴史上で，全く同じことは起きません。しかし先人が残した知識の中から，今直面しているのと**似た事例の問題の解き方を多く検証**できます。

　これは，学問だけではなく，外交の政策立案や，企業の行動指針の決定など，ライバルの行動を予測し，対抗策を講じる際にとても役立ちます。というのも，人間は同じようなコンテクストでは，同じような行動をとる傾向があるからです。具体的な事例として，日本のTPPとの関わりと，英国が参加した理由を考えてみましょう。

なぜベトナムは日本にとって重要な国なのか？

　環太平洋地域の12か国が合意し署名したTPPは，2017年，米国トランプ政権が脱退を表明し11か国になりました。この後，日本政府は残り11か国の合意に向け積極的に行動を起こします。2017年5月21日にベトナムのハノイで各国の閣僚が集い，11か国でTPP11を早期に実現という声明が発表されます。

　歴史の把握が役に立つ例として，TPPメンバーである日本とベトナムの関係を考えてみましょう。通常はメディアでも，それほど話題にならないと思います。しかし，実は日本にとって両国の関係構築と維持は，重要な案件なのです。証拠としては，ベトナムが他国から受ける経済援助のうち，かつて日本のODA（経済開発援助）が全体の40%もありました。

　なぜ，ここまで肩入れをするのでしょう。外務省のホームページを見ると「地政学的に重要」という記載があります。ポイントは，**勢力を拡大していく中国への対処**です。

　ベトナム戦争前からここに進出している日本企業もあり，1980年代末には一層その数が増えます。これと同時に，日本政府のODAも増えていきます。この時代の中国を見ると，発展の途上で，経済的にも，地政学的にもまだまだ日

本にとって脅威とは思えません。

　しかし，歴史を見ると，中国は繁栄と衰退を繰り返しながら，国力が増すとリーダーは必ず南下を行います。そこには，南シナ海という交易の重要なルートがあります。ここを押さえることで，莫大な富や権力を手に入れることが可能になるからです。

　80年代，90年代にはまだ脅威でない中国も，やがて発展の段階に入ることは歴史的に予測できます。「開国開放」という，市場経済を可能にする制度を取り入れたからです。過去の記録から，中国の民は自由な商業活動に長けてます。

　現代の日本にとって，**南シナ海は生命線**です。国内では希少な石油を運ぶタンカーの航路だからです。石油は，エネルギー源や，製品の原料として莫大な量が日本で消費されています。生命線である物資を安全に，できるだけ効率よく運ぶには，南シナ海の安定が最優先されます。

　一度，ベトナムの位置を地図で確認してみてください。ちょうど中国の南の部分を囲むように，まるで南シナ海の防波堤のように位置しています。これが，地政学的な重要性です。この国の発展を助けて，深い関係を構築しておけば，いざと言う時に中国に対抗する大切な切り札となります。ベトナムは，歴史的に中国の属国だったこともあり，両国は必ずしも良好な関係ではありません。また，70年代後半にはカンボジア問題で戦争をしています。

　日本は，中国が発展する前の早い段階から，**経済援助という戦略でベトナムと関係構築**をしておきます。でも冷静に考えると，ODAの原資は，我々の税金ですよね。サービスとしての見返りは，期待できるのでしょうか。

　武力外交を放棄している日本ですが，経済外交という優れた戦略があります。武力は経済的に富を生みませんが，経済外交は富を生みます。例えばODAで海外に援助したお金で，その国の経済的なインフラが整います。その国が豊かになっていけば，日本企業の市場として成長していきます。もちろんODAの事業そのものを日本企業が入札することも可能です。

　このように，税金を使う見返りとしては，自国の大切な安全保障以外に，日本企業の活動など間接的な利益拡大の機会提供が考えられます。これがインテリジェンスの活用です。

✒ どのようにインテリジェンスを使うのか？

　このような歴史的な経緯を把握すれば，グローバル戦略の構築にも役に立ちます。もし，団体や企業が東南アジアに進出するなら，ベトナムという選択は賢明かもしれません。政府の目に見えない支援も期待できるからです。そして，どの分野のODAの案件があるのか，すでに何が進められているのか，インテリジェンスを構築しておくと有効です。

　例えば，ある大学は，米国のシリコンバレイにある事務所を閉じました。IT技術の最先端の地域で，将来の研究のシーズを見つけるためにも，各大学が拠点を置いている所です。この大学は，財務的にも余裕がないので，高額な家賃や費用の掛かる拠店の閉鎖を選択しました。

　その代わりに，新たにベトナムに事務所を開設したのです。この地域での事業開始による将来的な様々なメリットを考慮した結果です。幸い，資源を集中し，早めに取り組んだ効果もあり，ベトナムの優秀な学生が多く留学してくれるようになったそうです。当然，政府関係者やJETROなどから，貴重なアドバイスも得られたでしょう。大学のポジションや規模を考慮してインテリジェンスを活用した戦略転換と言えるかもしれません。

✒ なぜ南シナ海に英国が関心を持つのか？

　さて，TPPは日本とベトナムも加盟国です。英国の加入は，EUの脱退に伴うジョンソン政権の新たな経済同盟の選択肢です。☞第20章

　TPP加盟国を見ると，歴史の必然性が浮かび上がります。カナダ，ニュージーランド，オーストラリア，シンガポール，マレーシアには共通点があります。第2章の事前知識の❺で確認した，かつて英国の植民地の国々で構成されるコモンウェルスの国々です。特に前の3国は，国家元首は英国国王です。**英国が交渉を有利に進められるパートナー**たちなのです。

　英国の加盟は，南シナ海にあるシンガポール，マレーシアにも重要で，日本とベトナムにも望ましいことです。経済交流の発展だけでなく，安全保障の観点から，この水域の自由な航行を担保してくれる切り札が増えました。実際に

2021年4月，英国は最新鋭の空母をこの地域に派遣し日本にも寄港することを発表しました。日本が英国のTPP参加実現に積極的に動いたのは明白です。

　以上のように，歴史をインテリジェンスに活用することで，特定の国や人の行動の理由を把握できます。また，このような知識は，将来の行動もある程度予測できます。

📤 歴史は，将来を予測する材料でもある

　経済学の重要な役割に，将来を予測することがあります。このために，予測したい結果に影響を与える要因に関するデータを集めて，予測可能なモデル式を構築します。

　例えば，次年度の新車の販売台数を予測するとき，過去の「人，物，金」などに関するデータを使います。どういう人が買ったか，どのような車が売れたか，いくらの値段で取引されたか等です。購買に関する，これまでのデータを可能な限り集め，数式モデルを構築します。

　これが可能なのは，人はこれまでの経験に基づいて行動をすることが多いからです。個々の人では，行動に多少の差があっても，全体では一定の傾向が予測できるのです。つまり，経済モデルに基づく予測は**過去のデータを用いて未来を推測**します。

　このように歴史は，現在の行動の理由を説明してくれ，さらに将来の行動も予測できるのです。歴史を学ぶことで，交渉相手の言動の理由や，対応の仕方の貴重な示唆が得られます。

　本書で，ユニオンに関連した歴史上の人物を題材にするのも，これが理由です。彼らは，大きな課題に直面し，問題の解決に取り組んだ人々です。これらの優れたリーダーの交渉や議論を評価することで，特定のコミュニケーション戦略がなぜ有効なのか考えられます。また，そこから得られる示唆で，将来活用できるインテリジェンスの構築に役立てます。

交渉戦略ポイント❾

歴史を使って学ぶ
・歴史は現在の国や人の行動の理由を説明してくれる
・歴史の事例から国や人の将来の行動が予測できる

なぜ海を渡るのか？

前節の「川を上る」と同じく大切な「海を渡る」というインテリジェンスを考えてみます。

第2章の事前知識の❼で，税金をいかに集めるかが国家の重要な役目ということを確認しました。それでは，サービスを提供するための税金が足りなくなる場合は，どうすればよいでしょうか。1つは，足りない分のサービスを減らすことです。でも，これは至難の業です。人は一度手にしたものや待遇を失う事態は，受け入れにくいからです。また「将来この国が困難な状態に陥る」と言われても，未来の人のために，今の自分を犠牲にするのは容易でありません。

そうなると残る道は税金を増やす方法です。でも所得税を上げるのは簡単ではありません。企業務めの場合は，給与明細から引かれる額が増えるのが目に見えるので，反発は大きくなります。企業の圧力団体の抵抗も強固でしょう。

そこで，日本の官僚は海を渡りました。解決策を見つけるためです。フランスにたどり着いて見つけたのが「消費税」です。これは，様々な物に幅広く掛けることができます。薄く乗せれば，直接自分のポケットから出す感覚があまりないので，抵抗も少なそうです。タレントのDAIGOさんの祖父で，当時首相の竹下登氏が1988年に3％の消費税の立法を実現しました。

一度制度ができれば，財政が厳しくなると，この税率を上げることを国会で承認してもらえばよいのです。今は，10％まで上がりました。

英国も消費税に似た付加価値税（VAT）があり20％です。日本よりは税金に敏感な国なのに，高い数字に思えます。しかし，実はVATは，主な生活必需品にはかかりません。食品，医薬品，子供服，教育費，新聞，書籍などは無税です。本は生活必需品ですよね。

　所得の高くない人に，不利にならないような配慮がされています。VATは基本的に，個人の嗜好として使う，各自が選んだ物やサービスにかかるので，比較的納得がいくようです。スーパーで食材を買い自分で調理すればVATはかかりませんが，レストランで食べると価格に20％上乗せされます。「サービスにはお金がかかる」と考えるので，受け入れやすいと思います。

　日本の消費税導入のように，**自国で解決できない場合は，海を渡り他の国の事例**を探します。他の国がすでに同様の問題を解決している場合は，それを活用することも有効なのです。

📲 海を渡りやすい英国

　日本から見ると。英国人は交渉の達人が多く，問題解決がうまいように見えます。半分合ってますが，半分はそうでもないかもしれません。どちらかというと，議論はよくしますが，なかなか合意に達しないし，優柔不断に見えることも多くあります。

　EU離脱も2016年に国民投票で決めたのに，実施は2020年までかかっています。この間，様々な交渉が行われましたが，事態は進みませんでした。困難な問題が起こったら，**時間をかけて粘り**，何とかならないか話し合います。「EU離脱をどのようにすればよいか」は，北アイルランドの関税問題もあり複雑でした。

　オックスフォードで，同じテニスクラブに所属する，友人のジョンに週末コートで会うと，この話題に触れることがありました。彼は，第5章で紹介した，エリザベス1世が創設したジーザス・カレッジの元学長で，貴族院の議員をしています。また味の素の英国アドバイザーも務めていました。夫婦でテニスを楽しむ気さくな紳士です。この時の首相はメイでした。☞第9章

　「今どういう状況なの」と聞くと，
　「何も進まないね」とよく言っていました。
　「なぜ？」
　「だって誰も答えがわからないからさ。路頭に迷っている。でも1つだけわ

かっているのは，首相のメイが，一番路頭に迷っていることだね」

なぜ英国は複雑な問題が解けるのか？

　英国は海を渡ることは得意です。ヘンリー8世以来の強い海軍のことではなく，問題解決の手法を見つけることです。これに大きな役割を果たしているのが，第2章の事前知識❺の54か国のコモンウェルスです。国連で採決を行う場合，他の53票も英国側に立つことも，ある程度は期待できます。

　この中でも，英連邦王国のカナダ，オーストラリアなど16か国は，本国に教育や政治のシステムが似ています。特定の課題に対しては，英国より先進的な取組みをして成功している国も少なくありません。ここの良い事例の中から**「柔軟に」**解決法を取り入れられます。英連邦王国のメンバーですから，国王の名の下に，より適切な戦略を丁寧に伝授してくれます。

　また，「柔軟さ」を支える**人的な交流の保障**があります。コモンウェルス市民権が制定されており，連邦内の移動は比較的自由です。困難な課題を解ける人が国内にいなければ，コモンウェルスのどこかから来てもらえばよいのです。これは，学術や芸術の分野も同様で，有能な人材は英国で活躍できる機会が多くあります。人々が54の国に簡単に海を渡れるのは，最大の強みでしょうね。

　オックスフォード大学でも状況は同じでコモンウェルスから優秀な学生が集います。第6章で見たように，2020年ユニオンの4人の主要メンバーのうち3人は，インド，ナイジェリア，ニュージーランドのコモンウェルスの学生です。

まとめ

　歴史から国や人の現在の行動の理由を説明でき，また将来の行動が予測できます。英国はコモンウェルス54か国の知見を柔軟に取り入れ，国内の困難な問題の解決に活用できます。

第11章

課題を見極め，仮説を立てよう

　ディベートでは，相手の主張や根拠の弱さを指摘し論破します。この際に役に立つのが事実と意見の分別です。また，与えられた動議を賛成派として立証するには仮説を設定し，その正当性を証明していきます。反対派はその仮説の問題点や不十分さを突いてきます。この仮説の立て方も見ていきましょう。

「事実」と「意見」を分けることで相手の主張の弱点を把握する

　わかるということは「分ける」ことから始まります。例えば「話し言葉」を，インフォーマルとフォーマルの場面に分けると，一般的な「会話」と「コミュニケーション」の違いがわかります。インフォーマルは，参加者の人間関係の距離が比較的近く，打ち解けた状況で交わす言葉になります。特に目的がなくても「会話」が成り立ちます。フォーマルは，参加者の関係に一定の距離があり，その場に何かの利害で滞在することが多く，言葉を使うのに明確な目的があります。このため「コミュニケーション」をして目標を達成する必要があります。

　また，英国の外交や貿易の動きも分けると理解しやすくなります。各国との関係は，対象が，コモンウェルス，米国，TPP加盟国，EU各国では緊密度や重要度が異なるので，分けて考えると具体的な政策の目的が明確になります。さらにTPPの中でもコモンウェルスに属する国と，そうでない国では交渉の目的や戦略も異なります。

　この「分ける」という手法は，交渉や議論における相手の主張の理解や根拠の把握にも役立ちます。特に，ディベートにおける発言で，話されている内容

が,「事実」なのか, それに基づく話者の「意見」なのか分ければ, 相手の立論の弱点を指摘できます。反論する際に, **事実の「信頼性」を指摘するのか, 意見の「妥当性」を攻撃するか**によって戦略も変わります。

信頼性とは, 主張の根拠となるデータや証拠を誰が見ても, 常に同じように解釈できることです。また, 妥当性とは, その根拠が主張を適切に説明していることです。

例えば, オックスフォード出身のブレア元首相が, 米国のブッシュ大統領に従いイラク戦争への参戦を国民に説得する際に, 次のような内容を伝えました。

「イラクは45分間で大量破壊兵器を使えるので独裁者フセインを倒すべき」

この内容は, どこまでが事実で, どこまでが意見でしょうか。それぞれを分け下の空欄を埋めてみてください。

ブレアの事実:＿＿＿＿＿＿＿＿＿＿＿＿＿＿＿＿＿＿＿＿

ブレアの意見:＿＿＿＿＿＿＿＿＿＿＿＿＿＿＿＿＿＿＿＿

・以下が事実と意見を分けた解答例になります。

ブレアの事実は,「イラクは45分間で大量破壊兵器を発射できる」です。

ブレアの意見は「サダム・フセインを倒すべき」となります。

ディベートトレーニング❹

ブレア首相にチャレンジ

それでは, ディベートで相手の議論をクリティカルに評価し, 弱点を指摘するトレーニングをしてみましょう(巻末に解答例あり)。

① 例を参考にして, ブレアの事実に対するクリティカルな質問を2つ作ってください。ヒントは根拠の**信頼性**です。

例 どのような証拠に基づき大量破壊兵器があると言えるのか

「＿＿＿＿＿＿＿＿」「＿＿＿＿＿＿＿＿＿＿」

② 同様に, ブレアの意見に対するクリティカルな質問を2つ作ってください。ヒントは主張の**妥当性**です。

例 フセインはその武器を使い英国を攻撃する意思を明確に示しているのか

「 　　　　　　　　　　」「 　　　　　　　　　　　　　」

　結局，ブレアは世論の反対意見を押し切り，米国を支持して参戦します。独裁者フセインは，捕らえられ処刑されます。その後，問題を複雑にしたのは，このトレーニングでブレアの事実とした，**大量破壊兵器はイランになかった，という事実**です。

交渉戦略ポイント⓾

事実と意見を分ける

・概念は分けることで，内容がよくわかる
・相手の主張の評価，自分の主張の組み立ては「事実」と「意見」を分ける
・「事実」の信頼性と，「意見」の妥当性をクリティカルに評価する

課題を見つけて定義する：適切な仮説を立て証明しよう

　ディベートの動議の賛成派は，最初に立証する仮説を相手に告げ，それをスピーチの中で証明していきます。例えば，第7章で紹介した「億万長者であることは非道徳的だ」のディベートを覚えていますか。賛成派は「大金持は，適切に税を支払わないので非道徳的である」という仮説を提示しました。そして具体的にアマゾン社と代表者の例を使い証明を試みました。タックスヘイブンや法律の抜け道を使い法人税を支払わないのは，道徳的でないという主張でしたね。

　聴衆はディベートの結果判定として，動議に対する仮説の証明が十分だと判断すればYes，十分でない場合はNoと投票します。

　このように，ディベート力をつけるには日頃から仮説を立て，様々な課題の解決方法を検証する習慣を身に付けることが大切です。

　実は，仮説検証の技能が一番身に付くのは論文執筆のトレーニングです。まずは，アカデミックの研究仮説の立て方を説明します。その後ディベートだけでなくビジネスなど実社会で役立つ例を示します。

論文の仮説検証法

アカデミックでは設定した研究課題と仮説の精度が成果を大きく左右します。例えば，ユニオンのディベート教育の日本への示唆を対象とした場合の研究を考えてみましょう。まず研究課題は，これまで誰も実施していないテーマを選びます。つまり，「新しい知の発見」が研究の条件となります。それでは，どうすれば「新しい」課題だと証明できるのでしょう。答えは，これまでの研究を全て確認して，存在しないことを証明するのです。今までにないので新しい，と言えるのです。このために図書館には無数の本や論文を貯蔵しています。

しかし，図書館の何十万冊の本を全て読む時間はありません。そこで役立つのが学問の体系です。これは，先人の研究者たちが何百年もかけて**分けてくれた，思考の分類方法**です。

今回の対象はオックスフォード大学にあるユニオンという組織のディベート学習法です。この背景には，ギリシア時代の哲学の教育方法や，それを体系化した中世の西洋の大学教育システムがあります。これに関連する図書館の書籍を大まかな分類から次第に詳細に分けて，これまで確認された内容を次のように調べていきます。

①西洋の大学システムとは⇒ ②オックスフォード大学とは⇒ ③ユニオンとは⇒ ④ユニオンのディベート学習とは⇒ ⑤その学習方法は日本でも効果があるのか

①から④の先行研究を調べると，ディベートの本質が把握でき，ユニオンのトレーニングを経て交渉力のあるリーダーが輩出されていることがわかりました。ところが，⑤の日本への示唆を検証した研究はほとんどありませんでした。

今後，日本もビジネスや外交で英語を使う交渉力が一層重要になると思われます。この点に注目すると，次のような具体的な仮説を立てることが可能です。

仮説　ユニオンのディベート学習活用により日本人の英語交渉力が向上する

このように研究仮説は，ディベートの仮説と同様にYesまたはNoで答えられる形となります。そして具体的な学習方法を現場で詳しく確認して，仮説検証

のための日本で有効と思われる学習方法を構築します。これができれば，実際にディベート学習法を取り入れ英語力の変化を測って，仮説が立証されるか，されないかを検証します。

リーダーのトレーニングにも仮説構築は役立ちます。彼らの役割は，「この課題を解決するには，この方法が最も効果的だ」とフォロワーに伝えることです。もっとも，まだ実行していない，仮の進むべき方向なので「仮説」となります。仮説の立案は，ビジネスや外交などの交渉でも戦略を立てる時に役に立ちます。

交渉戦略ポイント⓫

仮説を立てよう

・ディベートでは動議を立証するための仮説を示し証明していく
・仮説はYes，またはNoで答えられる形式にする

 仮説を作る帰納法とは？

前節では論文執筆における仮説に基づいて検証をする際の，書籍などを利用する方法を述べました。それでは，仮説そのものをどのように構築すればよいのでしょうか。これには，**帰納法と演繹法**があります。前者は，具体的に存在する事象をできるだけ集めて，そこに共通する法則を見つけていく手法です。高校で数学の帰納法を学んだ方もいるでしょう。基本は，並んでいる数字を，じっくりと検証しながら，その並びの「法則」を探すものでしたね。この法則がわかれば，次に来る数字が推測できます。つまり帰納法は，現場主義でコンテクストを詳細に確認していきます。

仮説の検証で，「具体的な学習方法を現場で詳しく確認する」という手順を示しました。これも帰納法による仮説の立て方です。オックスフォード大学やユニオンに関する書籍はたくさんあります。しかし，今の学生たちの学び方に関する体系的な記述は，ほとんどありません。特に，これらを日本に導入するには，日本の学習環境に適合させる必要があります。

このような状況では，まず現場に行ってデータを集めて仮説を構築するしかありません。そこで「何が」行われているかを，実際に参加して体験する。そして，参加する学生たちにインタビューします。その際に「なぜ？」「どのように？」学んでいるかを話してもらいます。

私は，2002年からユニオンを観察しています。特に，2019年から2020年の公式行事にほとんど出席し，ディベートのトレーニングに毎学期参加しています。この活動を通じて知り合った学生のべ100名ほどに，上の「なぜ？」「どのように？」の質問をしていきます。こうすると，彼らが活用する特定の学習方法と，その理由の共通項目が次第に見えてきます。このように少しずつデータを積み上げると「これが効果的な学び方」という仮説ができます。

仮説を作る演繹法とは？

演繹法は，先に課題の解となりそうな命題を立て，それを証明していく方法です。研究の場合は，先行研究をクリティカルに読みこなすことで，これまで確認されていない研究課題を見つけます。これを仮説として，それを確認できる実際のデータを集めて検証します。

図表11-1　演繹法のための比較対照法

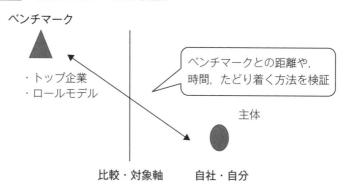

このような先に命題を立てる方法は，人材教育や企業戦略の立案にも活用で

きます。まず仮定のゴールを設定し，そこまでの**距離や，時間，辿り着く方法**を考えていく手法です。**仮のゴールを設定する目印をベンチマーク**と呼びます。例えば企業の場合は，市場のトップ企業やライバル社がベンチマークです。また，人材教育では第9章で説明した目指すべきロールモデルです。

　このベンチマークを比較・対照軸の反対に置きます。英語の比較（Comparison）は類似点を示すことで，対照（Contrast）は違いを明らかにすることです。自社や自分にもあるものと，足りないものを明らかにします。このようにして現状の位置と，ベンチマークとの距離や，時間，辿り着く方法などを明らかにしていきます。

　企業の場合は，距離や時間，手法が明らかになれば，ベンチマークを追い越す戦略を立てていきます。人材開発では，目標とするロールモデルのようになるためには，いつまでに，どのような能力を，どうやって身に付けるべきかの示唆を得ます。例えば，世界第1位の半導体メーカーのインテルは若手社員に社内のロールモデルを示して，自己研鑽の指針にさせています。このようにベンチマークとの比較検証で，自分にまだ達成できていない目標や研究テーマが設定できます。このように，課題を解決するために，帰納法と演繹法という仮説を立てる方法が活用されます。

まとめ

　帰納法は実際のデータや書籍の記述を注意深く観察することで，課題を明らかにしていきます。また，演繹法は書籍のクリティカル思考や，ベンチマークの設定でゴールを明確にする仮説の立て方です。

ビジネスケース❶　シャネル社は黒の仮説を立てる・前編

　ハンス・ピーター・カペラー氏の名前を聞いたことがありますか。シャネル，ディオール，ウェッド・ウッジという高級ブランドを日本で成功させた伝説の経営者です。シャネル製品がまだ日本で売れない時代に，彼が新たな**ビジネス戦略を構築した際**

の仮説の立て方を見てみましょう。

　高級デパートの多くは，１階に化粧品売り場があります。現在このフロワーに行くと，赤，黒，青などの色が一斉に目に飛び込んできますね。各社がブランドカラーで積極的に店造りをしているからです。ところが1980年までは，どのデパートも高級感を出すために，１階は清潔感を訴求する白で統一されていたのをご存知ですか。この伝統を変えてしまったのが日本のシャネル社です。

　今でこそ一流ブランドとして認知されているシャネルも，1980年までは，日本ではあまり知られていないブランドでした。ディオールなどに比べると日本への参入も遅く，No５という香水がわずかに流通していました。ハリウッド女優のマリリン・モンローが寝る時に使うという伝説があり，それを理由に興味本位にプレゼントされる程度でした。

　カペラーはシャネル製品の担当になると，すぐにパリのシャネル本社に赴き，徹底的にシャネルについて学びました。これまでの報告書やシャネルの伝記などを検証し，日本でどのようにブランドを訴求すればよいのか考えました。彼が特に重要だと考えたのは，シャネルの残した**「黒と白には，すべての色を超えた完璧なハーモニーがある」**という言葉でした。

　フランスでは，シャネルの高級服を取り扱う本店を中心に強いブランド力があります。また，伝統的に香水の専門店が商品を取り扱い，売上を拡大しています。日本でもこれにならい，化粧品の輸入商社の販路を利用していました。

　カペラーは常に現場主義で，自分の目で見て課題を発見する経営者です。早速，日本全国の主要な輸入代理店やデパートを訪ねて歩き，直接聞き取り調査を行いました。また同時に，高級ブランドを買う日本の消費者たちにインタビューを続けます。「なぜシャネルは売れないのか」この答えを探すためです。

　半年ほど続けるうちに，課題が明らかになってきました。当時の日本にはフランスのように高級ブランドの専門店はなく，富裕層はデパートで高級品を購入していました。彼女たちの反応を要約すると次のようなものでした。

　「シャネルと聞いてもイメージがわからない。製品をあまり見たこともないし，どこで買えばよいのかわからない。フランスの香水は値段が高く，匂いもきつそうなので魅力を感じない。」

　カペラーは，この帰納法により以下の仮説にたどり着きます。

　「シャネルは日本の消費者にデパートで直接ブランドを構築すべきである」

　フランス本社と交渉し，これまでの輸入代理店の販売形式を改め，直接デパートで販売を行う戦略に転換します。

　次にベンチマークを行います。当時デパートで成功していたブランドは，エステ・

ローダでした。彼は様々なデパートでこの会社のモニタリングを開始します。主な化粧品会社は1階の売り場に集まっていました。この階は、どの店も白と透明で統一する基準が設定されています。ところが、化粧品売り場に来たお客さんは、エステ・ローダのコーナーに迷わず進みます。その秘密は、白いショーケースの中でも遠くから見えるように、ブランドカラーの青い箱を目立つ位置に並べています。そして、どのデパートも同じ店作りでした。

　カペラーはシャネルの「黒と白」の言葉が浮かびました。彼のベンチマークを活用した演繹法による2つ目の仮説は次のようなものです。

　「黒を基調のショーケースでブランドイメージを確立する」

　シャネル製品販売の日本の予算は限られており、エステ・ローダのように多くのデパートでの店舗開設は難しい状態です。まず東京の数店舗で始める計画を作りました。少しずつ成功させ、5年ほどで30店舗に拡大し、ベンチマークした企業との距離を縮める戦略を立てます。

　当初、黒い製品を際立たせるショーケースはデパートの担当者に歓迎されませんでした。1階の白いフロワーに合わないからです。カペラーは粘って交渉を行い、何とか1店舗で試させてもらいます。効果は抜群で、シャネルのコーナーに顧客が多く集まります。手ごたえを感じて、この方式を他のデパートでも導入してもらうと、売上が目に見えて伸びました。

　さらにカペラーは大胆な案を作ります。製品だけでなく、ショーケースそのものを「黒」に塗り替える戦略を立てます。フランス本社は説得できたのですが、日本で大きな問題に直面します。どのデパートも1階は白を基調に統一しているので、彼の提案はことごとく断られました。

　この状態を解決するためにカペラーは、どのような戦略をとればよかったのでしょうか。続きは、第21章のビジネスケース❽で紹介します。

Column

事実を確認しないと、大変な目に会う？

　米国のイラク侵攻の際に、当時の小泉政権はブッシュ大統領を支持しました。米国が国連でイラク戦争を正当化する採択を目指す際に、日本は非常任理事6か国が賛成するよう働きかけます。でも交渉力がなくうまくいきません。米国と英国は国

連の決議なしにイラクを侵攻します。フセイン政権が倒れた後，日本政府は米英が破壊したイラクの再建を援助します。具体的には，それまで貸していたお金の放棄をすることを決めました。外務省の発表によると，**8,890億円もの債権を放棄**しました。もちろん，主な原資は我々が預けた税金ですね。

　2012年に外務省は，イラク戦争の対応に関する検証の結果を発表しました。「大量破棄兵器がないことを証明する情報がなかった」ので，外務省のとった対応は「概ね適切」だそうです。苦しい言いわけですね。「事実」の信頼性を確かめないと，面子もお金も失う例かもしれません。

英国の国会議事堂
☞第2章

第12章

どうすればフォロワーに伝わるのか

　成功する英語のディベートやプレゼンテーションでは，リスナー・センタードが必須です。聴衆に内容をよく理解してもらい，行動を起こしてもらうことです。このようなコミュニケーション戦略実現のために，人は話し手の言葉をどのように理解するのか確認していきます。

言葉を記憶することで理解できる

　認知言語の理論では，脳の中に言葉が記憶されることで，情報が理解されると見なします。伝えられた言語に関する情報は，2つの異なる記憶として心的に貯蔵されると考えられています。まず受け取った情報は，一時的に「短期記憶」として保持されます。これは，限られた容量の情報を解析，理解する短い期間のみ貯えられ，やがて失われます。例えば，友達の電話番号を聞いて書き留めるまでは覚えていますが，ペンを置いてしばらくすると忘れてしまいます。

　この短期記憶に入った言語データは，電子的情報として脳の「海馬」と呼ばれる部分に流れ記憶となります。短期記憶として海馬に入った情報は，一定の刺激を受け，すでにある記憶のネットワークに結びつくことで長期記憶として記録されます。この既存の記憶のネットワークを「スキーマ（Schema）」と呼びます。新たな言語情報はスキーマの中に取り入れられ，**既存の知識と関連付けられると記憶が容易になります**。また，人は受け取る情報を，それに関連するスキーマを活性化させて理解しようとします。

　少し，スキーマに関する簡単な実験をしてみましょう。次の四角の中の図は何に見えますか？（　　　　）に言葉を入れてみてください。

図表12-1 コンテクストなし

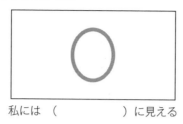

私には （　　　　　　　　）に見える

　皆さんの答えはどうなりましたか。図表12-1を見た時，答えるのに時間がかかりませんでしたか。また答えたとしても，本当にそれが正解なのか，あまり確信が持てないのではないでしょうか。輪ゴムが置いてあるようにも見えますし，お皿が置いてあるようにも見えます。文字だと考えたら，アルファベットのOや，数字の0にも見えます。

　それでは次の図を見て，もう一度答えてみてください。

図表12-2 コンテクストあり①

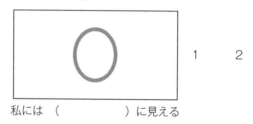

私には （　　　　　）に見える

　それでは，次の図はどうでしょう？

図表12-3 コンテクストあり②

私には （　　　　　）に見える

　図表12-2のように，枠の外に数字の1，2が並んでいると，数字のゼロだと
答える方が多いでしょう。また，図表12-3のように，P，Qがあれば，アル
ファベットのオーと答えると思います。以上の例が，人が新しい情報を理解す
る際にスキーマを使うプロセスを単純化した実験です。

　新しい事象を理解しようとする時，自然と脳にある既存の知識のスキーマを
活用します。図表12-2の場合のスキーマは数字に関する知識です。順番に0，
1，2と並ぶことを知っているので，枠の外にある，1，2を見て，「0に違い
ない」と理解するのです。この場合，判断するスピードは速く，答えに確信を
もてます。同様に，図表12-3の場合は，脳にあるアルファベットの知識を活
性化して，P，Qの前にある図をアルファベットのOと判断します。

📝 スキーマとコンテクスト

　ここで，数字やアルファベットなどの特定のスキーマを使う判断をしたのは，
1，2やP，Qといったヒントがあったからです。このヒントのように，どの
スキーマを使えばよいのかを決めるのが「コンテクスト」です。コンテクスと
は第2章の事前知識❷で見たように「場面」や「局面」のような「背景知識」
と考えるとわかりやすくなります。人は，**特定の場面や条件では，決まった行
動や発言をする**ことを期待します。

　例えば，"May I help you?"の意味を考えてみましょう。これだけでは，判
断に時間がかかり，あまり確信を持てません。この表現は様々なコンテクスト
で使われるからです。では，「レストランの場面」というヒントがあればどう
でしょう。メニューを見ている自分のテーブルに，給仕の人が近づいてくる情
景が浮かぶと，「ご注文はどうなさいますか？」だと判断できます。

　コンテクストには，人との関係，場面，時間軸も含まれます。挨拶をする時
も，朝に顧客に会った時と，夜に友達と会った時の，適切な言葉の使い方は異
なります。

　いずれにせよ，相手の理解を助けるには，まず**コンテクストを与えて，その
人の持っているスキーマのどれを使えばよいか教えてあげる**ことです。スピー
チをする時も，最初に聞き手にコンテクストを与え，内容を理解する準備をし

てもらうと情報がスムーズに伝わります。話の前提である背景知識に関するコンテクストを最初に伝えるのがロジックなのです。

コンテクストはディベートで使える

この「コンテクスト」という言葉を使った交渉やディベートで必須の表現があります。まず相手の主張が適切でない時に使う表現で "It's out of context" です。あなたの言うことは理解できるが，「この状況ではそれは当てはまらない」という意味で使います。また，自分の主張の正当性を伝える時に使う "In this context" があります。例外もあるかもしれないが，「この局面では」自分の主張が妥当だという時に使います。

交渉戦略ポイント⑫

コンテクストを伝える

・新しい情報は，それに関連するスキーマを使って理解する
・適切なスキーマは，与えられたコンテクストによって決まる
・どのスキーマを使えばよいのか，聞き手に最初にコンテクストを伝える

 言語情報の理解のメカニズムをスピーチで活用する

説得したり，交渉したりできるようになるには，それを可能にするスキーマが必要です。これを構築するためには，必要な情報を「調べる」「理解する」「使う」という，3つのステップが必要となります。それぞれを，情報のインプット（Input），インテイク（Intake），アウトプット（Output）と呼びます。

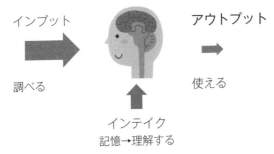

図表12-4　言語情報の理解と活用のメカニズム

インプット

調べる

インテイク
記憶→理解する

アウトプット

使える

　インプットは，誰かがまとめた情報を聞いたり見たりする状態です。テレビやネット，SNSなどで日々たくさんの言語情報が流れてきます。また，新聞や雑誌，本からも様々な情報が得られます。図表12-4を見ると，インプットの矢印が大きく描かれているのは，このように大量の情報と接しているからです。

　しかしこれらは，聞いた，読んだつもりでも，そのままでは短期記憶となり，脳に記憶としてあまり残りません。接した情報を脳のスキーマに取り入れてないのです。スピーチで，ただ単に一生懸命話しても，聞き手は内容を覚えられず，理解もしていないことがあります。

　情報を記憶する状態が「インテイク」で，短期記憶を長期記憶に変えるプロセスです。新しい情報を既存の記憶のネットワークに取り入れるのは，それほど容易ではありません。

　これを可能にする要件は，**「頻度」**と**「際立ち」**です。頻度とは，同じ情報を何度も繰り返し受け取ることによって記憶が可能になります。例えば，大学受験の準備などで同じ英単語を繰り返して覚えた経験があると思います。神経細胞の回路に同じ電子信号が何度も流れることによって，言語の記憶ができやすくなると考えられています。このため，英語スピーチでは同様の情報を繰り返して伝え，聞き手に記憶してもらいます。

　際立ちとは，何らかの強い衝撃を受けることで記憶を形成する状態です。例えば，ショッキングな情報は，一度聞いただけで忘れないことがあります。注意を喚起されたことや，強い関心を持つと，意識して情報を聞き取ろうとします。具体的には**「新鮮に思う」「興味を持つ」「驚く」**情報には，関心を持ちま

す。スピーチでは，この３つの要素を入れると効果的です。英語では，３つのサムシングと言います（Something **new**, something **interesting** and something **surprising**）。何か新しく，面白く，驚かせる，情報です。

スピーチでは，この「頻度」と「際立ち」の情報を効果的に組み立てると，話の内容を聴衆に，記憶し，理解してもらえます。

情報を記憶してもらわない限り，内容を理解してもらえないことを覚えておきましょう。

情報のアウトプットは容易ではない

図表12-4をもう一度見てください。情報の頻度と際立ちを工夫して，聞き手がようやく第２段階のインテイクを終えたとします。しかし，ディベートや交渉では，これで終わりではありません。自分の主張通りに採決してもらう，契約をしてもらう，という具体的な行動を取ってもらう必要があります。これが，情報のアウトプットの状態です。

この段階を達成するのは容易ではありません。それまでは，受動的な情報の受け手でよかったのに，アウトプットでは，能動的に行動を起こす必要に迫られるからです。適切なことを言われてもなかなかできない，わかっていても先延ばしにすることは，日常でよくあることです。

このためスピーチでは，最後にもう一度，聞いている人が具体的に，「何をどのように」すべきか，明確に伝えます。☞第12章

```
┌─────────────────────────────────────┐
        交渉戦略ポイント⓭

        頻度と際立ちで記憶させる
・聴衆は，簡単には話している内容を記憶したり，理解したりしてくれない
・繰り返し伝える。新しく，面白く，驚かせる情報を伝える
・最後にもう一度，聴衆がすべき具体的な行動を示す
└─────────────────────────────────────┘
```

✒ 言語情報の理解のメカニズムに沿って
コミュニケーション戦略を使う

　ディベートや交渉では，インテリジェンスを最大限使うことになります。その前提は，豊富な使える知識の存在です。図表12-4のところで詳しく話しましたが，一般に調べたとしても，インプットの状態で終わっていては，重要な観点を記憶していないので役に立ちません。

　事象の正確な理解には，インテイクの状態にする必要があります。この際に，当然参考になるのは，新聞や本にある価値のある情報です。ただ，このままでは「誰かがまとめた」情報で，その人の考えや根拠で作ったものです。あいにく，全てのコンテクスに正解とは言えません。

　このため，クリティカル思考で，記述内容を客観的に評価し，**独自の考えを構築**しておくべきです。客観的に評価する対象の量は，多ければ多いほど判断基準が正確になります。また，その対象の内容が，深ければ深いほど，根拠が的確に理解でき，より妥当な解を見つけやすくなります。

✒ まとめ

　インテリジェンスは自分の置かれたコンテクスで独自の解決方法を示す能力です。ディベートを通して，これを的確にフォロワーに伝える訓練ができます。聴衆に行動を起こしてもらうには，内容を記憶し理解してもらう必要があります。そのために彼らのスキーマを活性化させ，情報の頻度や際立ちを意識して伝えます。最後に，行動を促すためにだめ押しをします。

第13章

英語と日本語のコンテクストの違いとは

　物事を理解するのにコンテクストが大切なことを前章で見ました。ここでは，なぜ日本人が英語で交渉やディベートをするのが得意でないのか，このコンテクストから考えてみましょう。

📱 高コンテクストの文化

　コンテクストが言葉の使い方に大きな影響を与えることを指摘したのはホール（Hall）です。文化による言葉の使い方には，大きく分けると「高コンテクスト」と「低コンテクスト」があると考えられます。

　高コンテクストの文化は，1つの言葉には，たくさんの意味が込められており，それを理解するには，深いコンテクストの共有を必要とします。共通のコンテクストを理解していれば，言葉をそれほど使わなくても互いにわかり合えると考えます。むしろ，あまり明確な言葉を使い表現するのは，褒められることではありません。さて，ホールが見つけた，この高コンテクストの最たる国は，どこだと思いますか。

　そう，日本です。彼の著書の表紙には，浮世絵のモチーフがあります。米国人の彼が最も驚いたのは，**「言葉を使わない」のに互いに理解できる**という思考法です。基本は，「人は互いにわかり合える」という考えです。前章でみたように，コンテクストがどのスキーマを使うのか理解するに必要なのに，明確に「書いてない，言わない」状態でも人間関係が成り立ちます。

　個人的には，これは素晴らしい文化だと思います。前にも述べましたが，俳句や短歌が発展したのもうなずけます。書き手ができるだけ言葉をそぎ落として，「書いてないこと」を読み手は類推し鑑賞できるのです。「この短い表現に

は，このような深い意味が込められている」ことを味わうことができます。

　この前提は，皆がすでにコンテクストを共有しているので理解できる状態です。そのためには，言葉の裏にある「背景知識を学ぶことが最優先」されます。「書かれていない，言われない」ルールを学ぶには，「相手のことを察する」能力が必要です。また，誰かがルールからはずれた場合も，明確な否定をしないで「諭す」傾向があります。時間をかけて続ければ，やがてお互いの共通認識ができます。一旦そのルールが共有できれば，「わかり合えている」ので，1つの方向に，素早く動くことができます。いちいち細かく説明しなくてもよい状態です。

📓 日本の言語文化は関係構築型

　このように，日本語の高コンテクストは「関係構築型」で，できるだけ内部に問題が起きないようにまとめる方向を目指します。この際に，柔軟性が高く，多くの意味を持てる日本語は，とても洗練された便利な言語です。

　ただし目に見えない合意を求める社会なので，**中心となる価値に同調する圧力**が強くなります。そちらに向かわず，メンバーから外れると，「わからなくなり」疎外されます。とりあえず求心力の強い方に従うのが，集団の中で生きていくには無難です。

　この高コンテクストは，属するグループで異なる点も多くあります。企業の場合は，まず会社の文化や方針を学ぶ必要があります。このため「うちのやり方」を身に付けるのに時間がかかります。良い点は，グループのコンセンサスが形成されやすく帰属意識も高まります。この明確に示さなくても活用できる知識を「暗黙知」と呼び，日本の高度成長期には最大の効果を発揮しました。

　ただ最近は，企業の高コンテクストを学ぶことを難しく感じる人もいます。例えば，外部から特殊な能力を見込まれ，後から加わった人には，「コンテクスト」を学ぶのは無駄に思えたりします。彼らは，そのようなものが**なくても力が発揮できる**からです。

　また，可能性を見込まれ，同時期に大量に入る新規採用の人々にも，うまくいかない場合があります。ビジネスの本質を学ぶ前に，会社のやり方を身に付

けることから始める必要があります。大きな会社になるほど，「してはいけない」目に見えないルールも多くあります。それに触れるたびに，萎縮したり，次第に大勢を占める考え方に従うのが楽に感じたりします。中には，長くそこにいることが目的になる人もいます。

デジタルネイティブと呼ばれる若い世代は，ITテクノロジーの「変化の速さ」を体感しています。このため，企業特有のコンテクストを学ぶのに長い時間をかけることに意義を感じない人もいます。新しい発想のプラットフォームが，次から次へと生まれ，**これまでの社会の前提を変えていくのが普通**だと思えるからです。

☑ 低コンテクストの言語文化

低コンテクストの文化は欧米に多く，言葉そのものには，深い意味があるとはみなしません。英語はこの典型で，**言葉を使わないと相手には通じない**と考えます。「人はわかり合えない」というのが前提です。極端に言うと，人間は間違いを犯すものなので，相手を「理由もなく信用してはいけない」となります。そのため問題が起こった時に，「誰に」「なぜ」原因があるのか明確にするために文書で残します。これが「契約書」の基本的な考え方です。

集団の場合は，価値観の違う人が集まっているので，自分の考えを「伝える」ことから始めます。簡単には「通じない」ので，相手がわかるように伝えなくてはなりません。このためリスナー・センタードが大切です。伝わるように，できるだけ言うべきことを明示化します。

企業においても，誰が見てもすぐにわかるような形式にして知識を明確にします。これを「形式知」と呼びます。最も誤解が起こらないのは数字となります。数字は解釈の余地があまりないからです。このため，企業でも目標設定や，結果の評価に数的な根拠を求めます。

☑ コンテクストの違いと言語の氷山理論

以上のように，日本の言語文化の「関係構築型」に対して，英語の言語文化

は「**問題解決型**」と言えます。共有していないことを「わからせたり」「問題を確認する」のに使いやすい言語です。また，その問題の解決法を探し，折り合いをつけたりするのに適しています。

　また，わかり合えない相手と交渉をし，合意を形成するには，言葉を使って説得する必要があります。このため古代ギリシア以来，言葉を効果的に使い説得する技術を研究し，習得しようとしました。これを体系化したのが，アリストテレスの『弁術論』であり，説得する方法は，大学で「レトリック」として今でも受け継がれています。

　12世紀以来，レトリックは大学の主要科目です。言葉を使って概念を的確にまとめ，議論で修正し，最後は書いて発表します。このコミュニケーション戦略を習得するのに最も効果的な学習法がディベートであり，**欧米のリーダーの養成では必須**とされています。

図表13-1　**言語文化の氷山理論**

高コンテクスト　　　　　　　　　　低コンテクスト

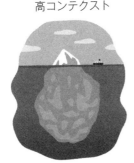 

	高コンテクスト		低コンテクスト
前提	人はわかり合える	←→	人はわかり合えない
言葉	少なくても伝わる	←→	明確に使わないと伝わらない
言語文化	関係構築型	←→	問題解決型
知識	暗黙知	←→	形式知
決断	合意に時間がかかる	←→	合意は後からでもよい
集団	行動が早く効率が良い	←→	まとめにくい

　この高コンテクストと低コンテクストをわかりやすくしたのが，言語文化の氷山理論です。図表13‐1で示すように，高コンテクストは，海底に大きな氷

の部分が沈んでいます。これが暗黙知です。この海面の上に出ている氷の部分が，実際に使われる言葉です。水面に出ている部分は少ないので，その意味を理解するには，海底部分の十分な理解が前提になります。

一方，低コンテクストでは，海底に沈んでいる部分は少なくなります。水面に出ている氷の部分，つまり言葉を多く使うことによって，理解することが可能という前提です。言葉を使って知識を明確にする「形式知」が形成しやすい状況です。

このように，比較対照することで，日本語と英語のそれぞれの文化的特徴がわかりやすくなります。結論を言うと，**英語は互いにわからないことを前提に言葉を明確に使い，問題を解決する**のに有効です。このためディベートなど，異なる概念をぶつけて，葛藤させ，言葉により新たな価値を生むのに適していると言えます。

交渉戦略ポイント⓮

言葉を使い新しい価値を構築

・問題解決のために積極的に言葉を使い，意見をぶつけて新たな価値を生む

真のイノベーションとは？

アカデミックの目的は，概念的に全くないものを生み出すことです。つまり**0⇒1を作る**イノベーションを意味します。これには時間がかかり，また完成させた「1」にどのような社会的意義があるのか，わかりにくい状態です。英国のイノベーションはまさにこれで，DNAの発見などがその例です。このため基礎研究と呼ばれる，直ぐに汎用性はないが，いつの日か世の中に大きなインパクトを与える研究が重要視されます。

日本企業が得意とするイノベーションは，1⇒100となります。これは，誰かが生み出した，すでにある物を，徹底的に「改善」し，より汎用性のある製品を生み出していく技術革新となります。これを可能にしたのは，高度で標準的な知識を理解できる日本の従業員です。暗黙知を理解し，1つの方向に向

かって集団のベクトルを合わせ，猛スピードで「改善」を可能にします。互い
の意思の統一も容易なため，製品やサービスにバラツキもなく，完成度が高く
なります。「メイド・イン・ジャパン」が高度成長期から世界を席巻した理由
もここにあります。0⇒1を重視すると効率が悪く，せっかくの成果も，日本
式イノベーションにとって代わられます。

　日本の前提は誰かが作った「1」が存在することです。1が出るまで，待つ
必要があります。

☑ IoTが世界のイノベーションを変えた

　これまでの常識と異なり，世界のビジネスモデルを変えたのがIoT（Internet
of Things）です。ネットに繋がることで，同時多発的に価値を連続して生み
出すことが可能になりました。

　ほとんどの基本的情報が世界のネットで結ばれており，共通言語は英語です。
これまで，具体的になかったサービスをすぐに試してネット上で作り，多くの
人を呼び込みます。同時多発的にチャレンジし，失敗を繰り返しながら完成度
を高めていけます。

　この状態では，0⇒1を作ったら，驚くべきスピードですぐに100になりま
す。極端な場合は，今日思いついたことが，明日ビジネスになります。つまり
IoTのおかげで**0⇒100が可能**になり，発案者自体が業界のルールを作れます。
これがプラットフォーム・ビジネスです。英語でネットを操作し，いかに早く
発想を製品化できるかです。GAFAと言われるプラットフォーム・ビジネスの
覇者は，このようにして猛スピードで世界標準を作ってしまいました。

　こうなると，1の出現を待ち100を作ろうとする日本企業の出る幕はなくな
ります。参入しようとしても，すでに100になっており，後はその**プラット
フォームのルール**に従うしかありません。

☑ 日本の大学も0から1を重視に

　IoTの時代には，将来0から1を作れる学生を養成するべきです。では，ど

うすればよいのでしょう？ 実は，基本は書籍を活用したクリティカル思考を行い，討論して，誰でも説得できるレベルの高い卒論を書くことなのです。この12世紀以来の大学教育のオーソドックスな手法が，将来の戦略立案や問題解決を目指し徹底的に「言葉」を磨くのに最も有効です。このためには，豊富なインテリジェンスの構築と自由な議論が前提になります。

　大学教員が，もし他の業界の方と比べて優れている点があるとすると，何だと思いますか？ 答えは，論文を書く能力です。そもそも教員採用の主要な条件は，どれだけ質の高い論文を書いたかです。近年はさらに，世界に通用する論文を書いた経験がより重要視されています。

　というわけで，大学の先生は，自分の最も得意とすること，つまり**論文を書く能力を，学生に身に付けてもらえばよい**のです。これが，私が経験した英語圏の**大学の世界標準**です。

　方法論は単純で明確なのですが，実はこれはかなり指導する側の負担も大きいのです。まず学生にクリティカル思考による多読をしてもらうのが前提です。さらに自らの力で，先行研究の英知から課題や解決方法を導き出さなければなりません。また，問題が解けるまで何度も挑戦し，最終的に客観性の高い文書を仕上げるためのアドバイスが必要です。この過程を最後まで導くのは，かなりの熱意と忍耐力を必要とします。このため英国では少人数制です。

　これが人類の編み出した，問題解決するリーダーが育つ機会を与える普遍的な方法なら，日本の大学も，このことをしっかりと受け止めるべきではないでしょうか。

なぜ，英国の議会は面白い？

　さて，言語文化のコンテクストの違いを見ると，日本と英国の政治リーダーに期待される役割の差に気づきます。第2章の事前知識の❽で確認した，議会制民主主義の基本を思い出してください。議会は，国民に返すべきサービスの重要な案件に関する審議を行います。この際，最大限に言葉を使い，課題や解決策を議論し採決します。まさに，これは低コンテクストの文化ですね。このためには，言葉を磨き，聴衆の注意を惹きつけ，時には楽しませ，わかりやす

く説明することが議員の必須条件です。必然的に国会審議は，聴衆にとって面白くなります。

ユニオンの先導者たちも，「スピーチは芸術」と信じています。かつて議会で，雄弁な演説をするユニオン出身の議員に対し，反対側の議員からヤジが飛びました。「ここは，もうユニオンじゃないぞ」。議場は笑いで溢れます。ユニオン出身者が，やたらと雄弁だからです。

1973年に，英国の欧州共同体への加入を成功させた首相のヒースも，在学中ユニオンのプレジデントとして活躍しました。父は大工という労働者階級の出身ですが，庶民が通うグラマースクールからオックスフォードに入学します。ユニオンのディベート訓練を通して，上流階級に負けないスピーチ力を身に付けます。英国議会で頭角を現し，やがて保守党の党首となります。英国の難題であった，欧州共同体加入申請を議会の討論で実現させます。この後，英国の代表として共同体と粘り強く交渉し，最終的に加盟権を勝ち取ります。彼は，**議会で活躍できる技術は全てユニオンで学んできた**と述べています。

英国では，議場にいる人たちはスポンサーである国民に，税の使いかたを説明する「責任」があります。「責任ある」は英語でresponsibleと言います。これは質問に対してレスポンスできる，つまり，言葉で回答できるということです。なぜ（Why?）と聞かれたら，**必ず答える責任**があります。低コンテクストなので，言葉で表現してもらわないと，納得はできません。

英国に比べると，日本の国会は，なぜ議論も審議も選挙も低調なのか？

日本のような高コンテクストの国の政治では，「言わなくてもわかってもらえる」という文化があるのかもしれません。また，議論を通して課題を把握し，解決法を考え，自分が責任を負う人に成果を言葉で伝えるという文化は育ちにくいのかもしれません。また監視すべき側も，「お上は悪いようにはしない」と，なんとなく税金を払っているのでしょうか。それが適切なサービスを受け取るための代価，という認識も少ないとも言えます。選挙で投票しないことは，「あとは好きにしてくれ」と投げ銭をしている状態でしょうか。

英国からみると，日本の議場もユーモアにあふれているかもしれません。厳しい質問に対して「記憶にありません」，とか「証拠はみつけられません」，「部下がやりました」という発言が，普通に行われます。**言葉で説明して責任を果たす**のが，議会制民主主義なら，これは全て高コンテクストのみで成り立つ，英国のパブで使えそうなおもしろいジョークですね。

例えば，「記憶にない」はうまい言葉で，後で証拠が出てきたら「忘れていただけで，うそはついていない」という言い訳が成り立ちます。「証拠はみつけられない」も素晴らしい表現で，出てきたら，探し方が悪かっただけです。意図的に隠したのではなく，本人は悪くないのです。

究極の技は，「部下が自分の知らない間にやった」ことにします。事件に関わった議員も被害者だと言うのです。しかし有権者が選んだのは，「部下」ではなく「議員」です。議員の説明責任において部下に任せて仕事をさせているのです。明確に自分の言葉で説明することができないなら，英国式では議員の「責任をとる」べきです。自分の責任に関することを「知らない」のは，立派なジョークですね。

そういえば先日，すごい技を見てしまいました。記者会見で，大臣の方にマスコミの人がある質問をしたところ，全く無視して「次の質問をどうぞ」と答えました。次の人が同様の質問をすると「次の質問をどうぞ」，これが4回も続きます。日本の政治では，質問には答えないというか，全く無視できることを証明しました。質問に答えることで責任を果たす，英国の議会制民主主義とは，たしかに異なる文化だと思えます。この日の会見の最初には，日本の外交文書がインターネットで公開され，国民に広くより**わかりやすく説明できることを誇示**していました。まさにブラックユーモアのセンスがあります。

📝 まとめ

言葉による調和を重んじ暗黙知を大切にする日本文化は素晴らしいと思います。ただ，わかり合えないような危機に直面した時は，課題解決に適した英語的な思考が有効だと思います。政治も大学教育も問題解決を目指すなら，明確に言葉を使い活発に議論をすることは重要です。

第14章

英語スピーチの基本とは

　前章で見たように，英語は低コンテクストで，フォロワーがわかりやすく，行動を起こしやすいようなコミュニケーション戦略が必要です。それでは，これを実現するには具体的にどのように伝えればよいのでしょうか。この章ではディベートで役に立つ英語の3文方式を見ていきます。

魔法の数字3

　トップのビジネスリーダーのスピーチ原稿を収集したコーパス分析で，とても使用頻度の高い語彙 "Three" がありました。なぜ「3」を多く使うのでしょう。

　英語プレゼンテーションでは，3は魔法の数字と呼びます。人に情報を伝える時に，1つの点では小さくて目につきません。スピーチも同じで，1つの観点だけでは主張は弱くなります。

　2つの観点で伝えると，線になります。点よりはましですが，まだ弱い状態にかわりはありません。3つの観点にすると，三角形となり初めて面ができます。3は，面を作る最小単位です。これでスペースができ，この広がりを持って説明すると，わかりやすくなります。

　次の図表14-1がこのイメージです。関連する3つの観点を並べると，3角形の面ができます。

図表14-1　点と線と面

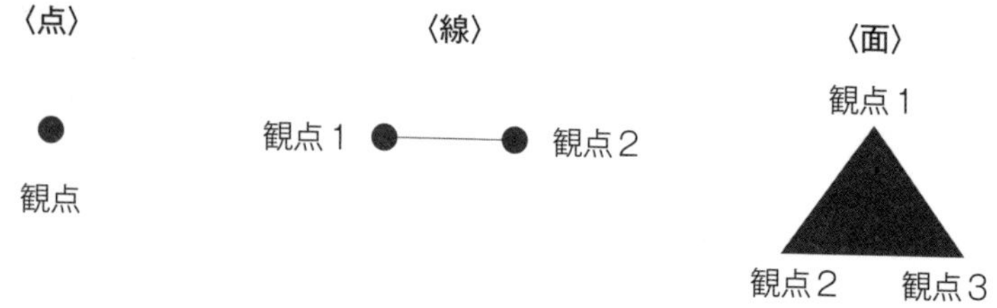

〈点〉
観点
〈線〉
観点1
観点2
〈面〉
観点1
観点2
観点3

数字の4はどうでしょう。確かに観点が4つあり四角形ができるので，面積は大きくなります。話し手は，主張を伝える際に観点が4つある方が，より詳しく説明できます。では，聞き手はどうでしょうか。人間の記憶には限界があり，人の話を聞いて，たくさん覚えるのは容易ではありません。聞き手にとっては，少ないほどよく，同時に理解できるのは，せいぜい3つです。つまり「聞き手中心」から考えると，4つの観点は理解に負荷がかかりすぎます。

英語のスピーチは1を3に

さて，皆さんは1回のスピーチで，聴衆にいくつのことを説得しようと思いますか。その内容を初めて聞く人の前では，答えは1つです。つまり，**1点に絞って説得**にかかります。ディベートなら賛成か反対です。ビジネスの提案であれば，それを採用するかしないかです。リーダーの場合は，提示した課題解決の方法に従い行動してもらうことです。

この説得したい1つの点が主題となります。ビジネスリーダーが「3」を好むのは，この**主題を3つの観点から説得する**と成功する確率が高いからです。

図表14-2　3つのキーワードで説得する

キーワード1
主題
キーワード2
キーワード3

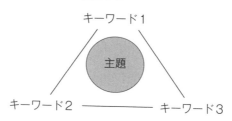

具体的には，主題を最も反映しているキーワードを３つ設定します。先ほどの三角形で示すと図表14-2のようなイメージになります。

英語スピーチのコミュニケーション戦略の基本は，図表14-2のようになります。聴衆に，いかに３つのキーワードを覚えてもらい，１つの行動を起こしてもらうように説得します。

交渉戦略ポイント⑮

聴衆を説得するには

・１つの主題を３つの観点から説得する
・３つの観点をそれぞれ最もよく表しているキーワードを３つ選ぶ

☑ 英語のパラグラフ展開も数字の３

　意見を伝える最小単位は３文で構成します。ディベートは，動議について自分の意見を述べるスピーチが基本となります。スピーチの最小単位のパラグラフが３文方式です（図表14-3）。これは，**主題文・支持文・具体例の３文**からなります。主題文は一言で「何を（What）」伝えたいのか，明らかにする最初の文です。それに続く支持文は，その根拠となる理由を述べ，「なぜ（Why）」主題文が適切なのかを裏付けます。最後に，「例えば（Such as）」と具体例や証拠を示し，相手がわかりやすく，納得しやすいようにします。これが聞き手にわかりやすいロジックです。

例1は，ユニオンに参加するように勧める主張を3文方式で行ったものです。

例1　政治家を目指すならユニオンに参加すべき

1 主題文：英国で政治家を目指すなら，オックスフォード・ユニオンに参加すべきである
2 支持文：なぜなら，そこで豊富なディベート体験でコミュニケーション能力が身に付く
3 具体例：例えば毎週，学生は現役の政治家や評論家とのディベートに参加できる

　主張したいのは，「ユニオンへの参加」です。その理由は「豊富なディベート体験」で，具体的には「毎週の現役の政治家や評論家とのディベート」があるという観点です。

　このように主題文で自分の主張の結論を最初に伝えます。続いてその理由，具体例と続けます。大まかな結論から述べ，次にその説明となり，さらにより詳しい例と，次第に情報が詳細になります。これを示したのが図表14-3の逆三角形のイメージです。

　これは，第12章で述べたように，**人間の言葉の理解に効果的な構造**で，人はこの流れに沿って，聞いた情報を理解します。大まかな情報でコンテクストを与え，聞いている側のスキーマを刺激し，今から何の話が始まるのか予測させます。

　重要なことから伝える逆三角形の形式であれば，1文目で切っても，主張は

伝わります。２文目で終わっても，パラグラフは成立します。つまり，相手にとって重要な情報から順番に並べていくことが大切です。こうすれば途中で遮られても，言いたいことは伝えられます。

これは，端的に意見を伝えなければならない時や，聞き手が忙しい時にも有効です。

ビジネスで活用できる３文方式

忙しい人と言われると，企業や組織のトップを思い浮かべる人もいるでしょう。この人たちと会える機会は限られています。例えば，「エレベータ・ピッチ（elevator pitch）」というビジネス英語表現を聞いたことがあるでしょうか。これは，**重要な提案を忙しい企業のトップに直訴する**時に使われる手法です。一般社員が，トップに直接会うことは容易ではありません。例外は公共の場，例えばエレベータに乗る時です。

CEOがエレベータに乗るのを待ち伏せ，一緒に乗り込み，短い時間で要件を聞いてもらう時に３文方式が使えます。上層階にエレベータが着く前の30秒弱のような，短時間で目的を達成する。このようなコミュニケーション戦略をエレベータ・ピッチと呼びます。

さて，首尾よく話すチャンスを得たとします。ここで最初にトップが聞く質問はWhat？ です。「何が言いたいのか」，これに対して一言で伝えなくてはなりません。話の内容に関心や疑問を持ってくれると，次に来る質問はWhy？ です。つまり，「なぜ，その提案が有効なのか」を聞きます。そこで納得すると，Such as？「具体的にはどういうことだ」となります。

このように相手を説得する，最小の単位の３文方式をスムーズに使えるようにしましょう。

会議で活用する３文方式

日本のフォーマルな会議などでは，自分から進んで意見を言うのは簡単でないと思われます。それでも，「自由に意見を述べていい」と言われる場合があ

るかもしれません。「君は，どう思うか？」と指名される時もあるでしょう。これは，その組織に属する経験の短い人や，若手には最大のチャンスです。ただし，「自由」と言っても，それは機会のことで，使える時間や伝える形式が「自由」なわけではありません。**限られた短い時間の中で，わかりやすく相手に伝える必要があります。**このような場面も 3 文方式で発言するとスムーズに伝わります。

　英語の会議では参加者の貢献が求められます。基本的には，何か議論に役に立つ情報を発信することです。黙って聞いている人は，何の貢献もしていないのと同様です。極端な場合は，次から呼ばれないこともあります。

　さらに，英語の会議や学会発表の後には，必ず質疑応答をする Q & A（Questions and Answers）セッションがあります。ここで，質問を受けた時の基本も，この 3 文方式が活用できます。答え始める前に頭の中で 3 文を作ります。

| 1 その質問の答えは○です⇒　2 その理由は…だからです⇒　3 具体的には |

　このように予想される質問の答えを 3 文方式で用意しておくと，スムーズな対応ができます。日本でも英語圏でも 3 文方式は使えますが，一番大切なのは，主題文に磨きをかけることです。つまり，巡ってきた貴重な機会で効果的な発言をすることです。このためには結局，日々努力し準備するしかありません。常に問題意識を持ち，課題を探求し自分なりの解を見つけておくことです。この日々の準備の中で，課題を探求するのに有効なのがクリティカル思考法です。

交渉戦略ポイント⓰

3 文方式で交渉

・主題である結論を先に伝える
・「何を」伝えたい，「なぜ」それが言えるのか，「例」の順に 3 文方式を活用
・Q & A セッションでも 3 文方式を活用する

📝 3文方式の発言に対するクリティカル思考法

　課題を探求するということは，まず目の前の事象を批判的に評価して，疑問を持つことから始めます。これがクリティカル思考法の最初のステップです。

　ディベートが教育に効果的なのは，クリティカル思考法のトレーニングに最適だからです。それでは，先の114ページの例1のユニオンに関する3文方式の発言を，クリティカルに考えてみましょう。相手の発言の「前提」「理由」「具体例」の3つの観点から以下のように疑問を投げかけます。

クリティカル思考の疑問

	3文方式		クリティカル思考による疑問
1	主題文：AはBである	⇒	本当にそれが一般に言えるのか？
2	支持文：その理由は～である	⇒	この理由が本当に1の主題文を証明しているのか？
3	具体例：証拠はこれである	⇒	それが，証明する証拠になっているのか？ それは，信頼できる証拠なのか？

　これを活用して，例1のユニオンへの参加の主張に対して，クリティカル思考で質問を作ってみましょう。下のトレーニング❺の3つ「　」の中に，それぞれ具体的な質問を入れてみてください。

●━━━━━━━━━━━━━━━━━━━━━━━━━━━●

ディベートトレーニング❺

🔁 クリティカル思考を磨こう

1　主題文：英国で政治家を目指すならば，オックスフォード・ユニオンに参加すべきである

　　質問1「　　　　　　　　　　　　　　　　　　　　　　　　　」

2　支持文：なぜなら，そこで豊富なディベート体験でコミュニケーション能力が身に付く

　　質問2「　　　　　　　　　　　　　　　　　　　　　　　　　」

3　具体例：毎週学生は現役の政治家や評論家とのディベートに参加できる

　　質問3「　　　　　　　　　　　　　　　　　　　　　　　　　」

通常の場面で例１の３文を言われると，説得力があるように聞こえます。ところが，**時間をかけてクリティカル思考で考えてみる**と疑問が浮かんできます。

このような「意識化」のトレーニングの回数を重ねて行うと，やがて**無意識に「疑問」**が思いつくようになります。これが，「自動化」です。これに慣れると，行われているディベートやプレゼンテーションにおいて，自然に自動的に「質問」が浮かぶようになります。

✐ クリティカル思考法による質問の作り方の例

トレーニング❺の「前提」「理由」「具体例」の質問の作り方を見てみます。

▶ 主題文に対する質問１の例

１の主題文に対する，次のような質問には，どのような特徴があるでしょう。

① 政治家とは，国なのか地方なのか，それとも両方か

② ユニオンとはどういう組織なのか

③ ユニオンに参加すれば，必ず政治家になれるのか

これらは主張における，**「定義」や「前提」を問う質問**です。「定義」はコミュニケーションのルールです。このルールで，今からプレイをするという宣誓です。まずは，話し手の示す「ルール」を確認します。不明確な場合は，①，②のような質問をします。

「前提」とはコミュニケーションの「ゴール」です。提示したルールでプレイをすれば，主張する結論，つまり「ゴール」にたどり着くことができるはずです。③がこれに対する質問です。そもそも，ユニオンに参加して政治家になった人がいなければ，「前提」は成り立ちません。このように，主題文に対しては，「定義」や「前提」の観点から質問をします。

▶ 支持文に対する質問２の例

２の支持文に対しては，次のような質問ができるかもしれません。

④ 豊富なディベート体験とは具体的に何が「豊富」なのか。頻度か内容

か？

⑤ 「ディベート体験」で，なぜコミュニケーション能力が身に付くのか

⑥ どのような「コミュニケーション能力」が政治家に必要なのか

これらの質問の観点は，**「主題を証明する裏付け」に対する疑問**になります。裏付けがなぜ適切と言えるのか，概念を明確化し，因果関係を明らかにするものです。

④では，「豊富」という概念が，具体的に何を意味するのか明確にしようとしています。回数が多いのか，質が高いのかという観点です。また，⑤は根拠そのものの因果関係を問うものです。「ディベートをすれば，コミュニケーション能力が上がる」という因果関係について質問しています。⑥は，「政治家にはコミュニケーション能力」が必要という前提に対して，どのような能力なのか明確化しようとしています。

▶ **具体例に対する質問３の例**

３の具体例に対しては，裏付けの証拠に対する次のような質問が有効です。

⑦ 現役の政治家や評論家とは誰で，どの資料を見ればわかるのか

信頼できる証拠か：信頼性を確認

⑧ 参加できるディベートの形態は，どのようなものか

その参加形態でコミュニケーション能力の育成は妥当か：妥当性を確認

これらの２つ質問は証拠そのものに対するもので，情報を入手した経路や手続きを，より明確にするために活用できます。**証拠が信頼できるものか，それを使うことが妥当か**を問います。まとめると，以下の交渉戦略ポイント**⓱**の３点が主張に対するクリティカル思考法による質問の作り方となります。

交渉戦略ポイント⓱

クリティカル思考法の質問作成法

・定義はルール，前提はゴール。これらに疑問を持つ

・主張の裏付けの概念や，裏付けと主張の因果関係に疑問を持つ

・具体例の信頼性と妥当性に疑問を持つ

🗨 英語のスピーチは3文方式を拡大

　発言の時間が長い場合は，パラグラフを長くして聞き手を説得しやすくなります。この際も3文方式と基本は同じで，主題文⇒支持文⇒具体例，の順で組み立てます。違いは，各項目の長さと，これにまとめ文を加える点です。図表14-4に，短い英語スピーチのモデルを示しました。

図表14-4　英語スピーチの3構成：サンドイッチ方式

1	イントロダクション Introduction	主題文の拡張
2	ボディ Body	支持文：主題文の補足 　　　：支持内容の拡張 具体例：詳細な証拠
3	結論 Conclusion	主題文を言い換える

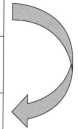

　1はスピーチのイントロダクション（Introduction）として主題文を拡張します。2はボディ（Body）として，支持文と事例を拡張して，主題文をより詳しく論証することになります。ここは，主題文の補足と，支持する内容を拡張します。また，具体例は支持文の内容を証明するように詳しく説明します。このようにパラグラフが長くなるため，最後に主題文の内容を言い換えて再度伝えます。これが結論（Conclusion）で，聞き手が主張を記憶できるようにまとめます。頭文字を使ってIBCの構成と呼びます。図表14-4のように，最初と最後に同じようなことを述べるのを「サンドイッチ方式」と言います。英語で少し長めのスピーチをすると，伝わらないことがあります。「結局，何が言いたい？」と，聞き手は思います。相手の限られた記憶のスペースに，自分の主張を刻むためには，最後にだめ押しをする必要があります。

　以下はクリティカル思考法による質問に予め準備した3文方式の拡張例です。

例１の３文を拡張したスピーチ文の例

1 主題文	英国で庶民議員などの政治家を目指すならユニオンに参加すべきである。ユニオンではディベートの鍛錬を通して，政治家に必須のコミュニケーション能力を高めることが可能になる。
2 支持文 ・主題文の補足	ユニオンは1833年にオックスフォード大学にできた伝統あるディベートを中心に行う団体である。世界で最も権威のある，学生による自治組織である。これまで英国の庶民議員の中には，学生時代にユニオンのメンバーが多い。中には，首相を務めた卒業生もいる。
・支持文の拡張	彼らの多くは，ここに在籍し，ディベートの訓練を通して政治家としての演説力を磨いている。このディベートでは実際の社会問題に関して，クリティカルに考え課題を発見し解決するコミュニケーション戦略を学ぶことができる。
3 具体例の拡張	学期中の毎週木曜日には，政治家や評論家，各界の著名人が学生と共に，重要な動議についてディベートを行う。このフォーマルなディベートで議論できるのは選抜された学生である。しかし，この最中にはフロワー・ディベートと呼ばれる聴衆が参加できる機会がある。また，フォーマルディベートの前と後に，トレーニング中の学生がディベートを行える機会があり，毎週誰でも参加できる。
4 結論	このような豊富なディベート参加の機会を通じでコミュニケーション能力を高めることができる。この体験は，英国の国会議員を目指す学生にとても貴重な経験となる。

■ ポイント

・英語スピーチはIBCの３つ構成とする

・サンドイッチ方式で，最初と最後に主張を繰り返す

Part Ⅲ

実践編：
英国のリーダーの
コミュニケーション戦略

　ここからは，オックスフォードとユニオンに関係する英国のリーダーを題材に，交渉やディベートで役立つコミュニケーション戦略を見ていきます。以下が主な登場人物と，この章の物語展開に関連する主要業績です。彼らが**いかなる戦略をなぜ実行したのか**考えていきましょう。またこのような戦略がいかにビジネスに応用できるのか実際のケースを基に考えていきます。

1．ウィンストン・チャーチル（1874-1965年）　第61代，63代首相
　　・第2次世界大戦でナチスドイツを降伏させた英国で最も尊敬されるリーダー
　　・帝国の植民地政策の維持を目指す。300万の犠牲が出たインドの飢饉を看過
　　・ユニオンの「国王と国家」の採決を憎悪

2．クレメント・アトリー（1883-1967年）　第62代首相
　　・労働党のリーダーでチャーチルのライバル
　　・英国の福祉国家を実現

3．エドワード・ヒース（1916-2005年）第68代首相　保守党
　　・ユニオンの元プレジデントでチャーチルがロールモデル
　　・チャーチルのメタ戦略に基づき，英国の欧州連合への加盟を実現

4．デービッド・キャメロン（1966-　）第75代首相
　　・欧州連合離脱是非を問う国民投票を実行
　　・ライバルのジョンソンをロンドン市長に推薦

5．ボリス・ジョンソン（1964-　）第77代首相
　　・ユニオンの元プレジデントでチャーチルがロールモデル
　　・キャメロンのライバルとして欧州連合離脱を推進
　　・失策も少なくないが新型コロナウィルス対策のワクチン戦略は効果的

第15章

今なぜチャーチルの戦略を考える必要があるのか？

　これまで，ディベートの基本を見てきました。ここでは，その本質となるインテルジェンスの構築を練習してみましょう。まず，ディベートで役立つ分別法を確認した後で，アクター・ディベートを体験してもらいます。チャーチルがあなたに4つの質問をします。簡単な問いではありませんが，いろいろ調べて答えてみてください。

なぜチャーチルが最も人気のあるリーダーなのか？

　英国式の交渉や，プレゼンテーションを身に付けるなら，チャーチルは学んでおく必要があります。チャーチルの「決断力」「行動力」「コミュニケーション力」は高く評価され，様々な角度から研究されています。もし，あなたが欧米人と交渉を行うなら，相手は**チャーチルのスピーチや，コミュニケーション戦略は学んできている**可能性は高くなります。

　かつてBBCで「100名の最も偉大な英国人」というテレビ番組が放映されました。各偉人の業績を放映した後に，国民に投票してもらい，英雄の順位を決める内容です。結果として，チャーチルが最も偉大な英国人に選ばれました。

　「国家の危機に対して立ち向かう不屈のリーダー」これがチャーチルの持つ強いイメージでしょう。彼は，ヒトラーから自由主義国家を守った英雄とされています。欧州の西部はナチスに占領され英国が孤立する中，国民を鼓舞して立ち向かい，アメリカを参戦させ勝利に導きます。彼がいなければ，欧州の民主主義は守れなかったと，今でも彼を賞賛する人は多くいます。

　英国の首相ジョンソンも，チャーチルの演説を徹底的に分析し活用していま

す。ジョンソンは1986年のユニオンのプレジデントでスピーチには定評があります。彼は，首相になる前に『チャーチル・ファクター』を出版しています。この本を含め，チャーチルの伝記は1,010冊以上も書かれているのです。これほど多く取り上げられた人は，それほどいないでしょう。

🖊 英雄チャーチルは英国にとって恥ずべき存在なのか

チャーチルを題材に，ディベートで不利な動議に対処する「分別法」という議論の方法を紹介します。2018年ユニオンのメイン・ディベートで次のような動議が議論されました。

「チャーチルは英国にとって恥ずべき存在である」

なぜ最も尊敬されるリーダーに対して，過激とも思われる動議が取り上げられたのでしょう。

実は，2010年にマドゥシュリー・ムカージーというインド系のジャーナリストが*Churchill's Secret War*を発表しました。この本は，1943年インドのベンガル地方で起こった300万人の飢餓の原因が，チャーチルの差別的な政策にあるという報告です。この著書もきっかけとなり，チャーチルのインド政策を見直す動きが活発になりました。また，BLMの運動の広がりと関連して，植民地政策がもたらした「人種差別」を議論する動きが高まっています。

🖊 不利な状況のディベートには分別法を

それでは，ディベートで不利な動議に対処する際の分別法を具体的に見ていきます。これは，動議が社会通念や常識からみて，反対派にとって覆しがたい状況です。例えば，「植民地の統治責任者チャーチルが，多くのインド人が飢饉で亡くなる状況を放置した」という報告書に基づく動議です。その惨事が事実なら，このリーダーを非難するのは容易ですね。「チャーチルは英国にとって恥ずべき存在である」という動議に賛成する方が有利に思えます。

このような反対派に不利な状況に役立つのは，「分ける」という手段です

（☞第9章）。これは分別法と言われますが，相手の攻撃対象を，できるだけ主要な議論から切り離す方法です。

　何度かお話しましたが，思考法で大切な「コンテクスト」と「時間軸」に基づき，課題を切り離します。例えば，弱点は認めたうえで，なお，「別の場面」で，「別の時間軸」における，そのリーダーの良い実績をできる限り強調していきます。

図表15-1　情緒的判断を分別法で対処

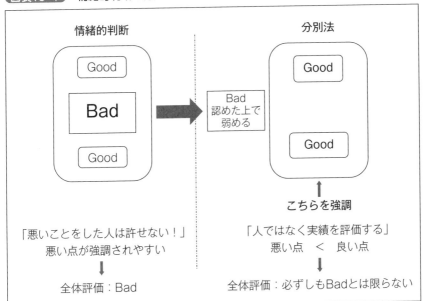

情緒的判断　　　　　　　　　　　　分別法

Good

Bad　→　Bad　認めた上で弱める　　Good

Good

Good

こちらを強調

「悪いことをした人は許せない！」　　「人ではなく実績を評価する」
悪い点が強調されやすい　　　　　　悪い点　＜　良い点

全体評価：Bad　　　　　　　　　全体評価：必ずしもBadとは限らない

　これは，相手の主張を相対的に弱める方法です。図表15-1を見てください。一般的に，悪いことや失敗をした人は，非難の対象となります。特にその行為が惨事を引き起こした場合は，図の左側のような，情緒的な判断になりがちです。「人」として許せないという観点です。ここが，今回の動議，「恥ずべき理由」として，賛成派が指摘してくる最大の武器です。

　この場合の分別法は，リーダーを「人」として評価するのではなく，**「行った実績」をその人から切り離します**。実績の評価を分けると，悪い点もあるが，

良い点もあります。この悪い点は認めたうえで，その行為がなされた理由を，時間軸とコンテクストで説明します。できるだけ防御を行い，攻撃を弱めます。例えば，「その時期に，その状況に置かれたので，その行為は仕方なかったのかもしれない」という方法が考えられます。

　そして，良い点を最大限に強調し，総合的には全て「悪い」とは言えないように導きます。「チャーチルは，必ずしも，英国にとって恥ずべき存在とは言えない」と立証していくのです。ポイントとしては，「素晴らしい実績は，その人なしでは実行できなかった」と議論します。チャーチルの場合は，第2次世界大戦のヒトラーに対する勝利が活用できそうです。

交渉戦略ポイント⓱

分別法でディフェンス

・分別法で不利な点を主題から切りはずし防御する

・有利な点を最大限に強調して，総合的に不利な点を抑える

✒️ チャーチルのコミュニケーション戦略を考えよう

　これから，皆さんと英国を代表するリーダー，チャーチルのコミュニケーション戦略を評価し，日本への示唆を考えていきます。まず，戦略を立てるには，説得する対象の相手をよく把握してゴールを設定します。それでは，チャーチルの置かれているコンテクストを理解しましょう。そして，彼が交渉を行う対抗勢力について考えていきます。

　チャーチルの戦略の前提は，英国帝国主義の維持です。世界中にある植民地から得る富に基づく，国王を中心とした支配階級の繁栄です。貴族所有のブレハム宮殿で誕生した彼は，ビクトリア時代から続いた帝国を存続させることが任務と考えていました。これは現代の我々の感覚では受け入れられないかもしれませんが，**彼の言動を理解する**うえで大切です。

　同じ独裁者でもヒトラーとは異なり，イタリアのムッソリーニには親近感を

持っていました。ローマ帝国の再興を貴族的な観点から目指していることに共感していたのです。

英国が帝国として生き残るには，いくつかの対抗勢力があります。これを図表15-2にまとめてみました。ナチスドイツとイタリアは戦争になると対話は成り立たないので，それ以外の**5つの対抗勢力に対する戦略**を考えていきます。まず国内では，①学生エリートや，②労働党メンバー，③労働者など下層階級という勢力です。海外では，資本主義の資産家を攻撃する④ソ連を代表とする社会主義国家，および⑤植民地の独立を訴える各国のリーダーたちです。

図表15-2　チャーチルのコミュニケーション戦略の対抗者

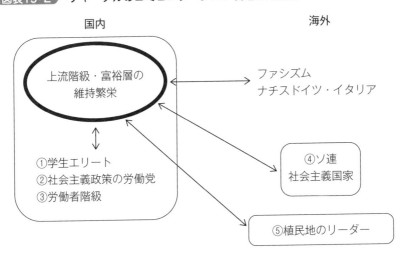

前提は帝国主義に基づく英国の繁栄

彼が最優先するのは，図表15-2の上流階級・富裕層の維持繁栄です。目前に迫る戦闘の準備のために重要なのは，国内の意見の統一です。そのために，当時はまだ支配層の子息が多く学ぶ，オックスフォード大学の学生を抑える必要もあります。図の①です。ここは歴代の英国首相やリーダーを輩出しているのに，社会主義を支持する学生が多くいたからです。

　次に，議員の中にオックスフォード出身も少なくない，②労働党リーダーへの対策が重要です。彼らは国会で議席を持ち，ディベートにも長けています。政策の実現には議会の承認が必要なので，彼らといかに議論し交渉するかは重要です。また，③の労働者階級をうまく説得し戦争に進んで参加してもらう必要があります。この層の人々は，第1次世界大戦が終わっても，払った犠牲が報われないという意識があり，彼らの生活向上を目指す労働党を支持しています。

　図の④のソ連を代表する社会主義国家の台頭は，チャーチルが所属する階級そのものを危うくする勢力です。彼らの理想的な平等政策は，英国の下層の階級にとって魅力的です。国内の社会主義勢力は，④の勢力に同調するものもいました。第2次世界大戦が終われば，ソ連などの社会主義国家が強力な対抗勢力となります。

　チャーチルの時代，英国はまだ植民地政策に依存していました。植民地から得る富で支えられている英国経済のシステムを維持するには，**圧倒的な武力と莫大な戦費**が必要です。これらを賄うためにも植民地支配を続ける必要があります。しかし，これらの国では次第にナショナリズムも高まり，図⑤の自治や独立を目指すリーダーが台頭してきます。

応用編 アクター・ディベート

　ディベートの応用編としてアクター・ディベート（Actor Debate）というものがあります。これは，役を演じるように，その人の立場になって動議を設定し，賛否を討論するものです。歴史的事象や，過去のリーダーの業績を評価し，そこから得られる示唆を明確にするのに役立ちます。

　チャーチルになったつもりで，前章で見た5つの対抗勢力へのコミュニケーション戦略の構築方法を考えみてください。正解は1つとは限りません。

▶ あなたがチャーチルならどのような戦略をたてるか？

　ディベートで大切なのは，使える知識であるインテリジェンスを活用し，相手や聴衆を説得することです。これから，チャーチルに関する4つの課題を提示します。皆さんのゴールは，チャーチルの立場で当時のコンテクストと時間

軸において，図表15-2で示した5つの対抗勢力への戦略を練ることです。できればいろいろと資料を調べて課題の問いに答えてみてください。なお，解答例は次の章から順に示していきます。

▶ 課題その1：第1次世界大戦後の厭戦気分を抑える

　チャーチルは，戦争の歴史をかなり学び，支配者の行動をよく認識していました。ヒトラーがいずれヨーロッパに侵攻することを早くから予測していました。英国の軍備拡張を行い，戦闘の準備をするように訴えます。

　これは，当時はあまり現実的でありませんでした。第1次世界大戦の傷から癒えない人々も多く，政治家の間でも厭戦気分がありました。また，オックスフォード大学の若者たちは，祖国のために命を失った先輩の犠牲の大きさを忘れていません。彼らの中には，**戦争を避けるべきという平和主義者**も多くいました。ここでは，前述のようにユニオンにおいて，国王と国家のディベートでは，「戦わない」という決議もしました。このような若手エリート層を封じ込めることが必要と考えました。

　チャーチルの問い1　「どうすれば平和主義のオックスフォードの学生や社
　　　　　　　　　　会の意見を戦時体制に向かわせることができるか？」
　あなたの論点：_____

　　　　　　　　_____

　　　　　　　　_____

▶ 課題その2：どのように労働党の反対を議会で抑えるか

　経済学的に言うと，**軍事費は消費されるのみで，富の再生産は望めません**。潤うのは軍需産業のみでしょう。破壊が目的なので，お金の使い方という投資効率から見ると，可能な限り抑えるべきものです。一番の問題は，国の財政です。英国は植民地を維持拡大するために，膨大な軍事費を出費し続けています。一時は国家予算の半分を占めることもありました。

　当然ながら社会保障や教育など，社会の平等の実現に使うお金はあまりあり

ません。庶民は，第1次世界大戦中に耐乏生活を強いられても報われず，多くの働き手も戦争の犠牲になっています。このため，彼らの生活の向上を目指した労働党が支持を広げます。労働党は，オックスフォード出身の有能なアトリーを党首として議会での発言力を高めます。

チャーチルの問い2　「どのようにすれば，庶民の不満をやわらげ，彼らが支持する労働党を抑えることができるか？」

あなたの論点：_____

_____

_____

▶ **課題その3：植民地の自治独立をどのように抑えるか**

植民地の富を搾取し自国を潤すというのは，グローバルな社会では制度的に無理があります。どの地域でも，自国の繁栄を目指す権利があるからです。しかしチャーチルは，世界中に広がる植民地の権益を守ることが，リーダーとしての任務と考えています。

このため，支配国の独立運動を推進するグループに対処する必要がありました。特にインド独立のリーダーであるマハトマ・ガンディーには手を焼いていました。非暴力を訴える相手には，戦闘で対処する方法が通じません。

チャーチルの問い3　「どうやって植民地のリーダーたちを抑えて自治・独立を阻むか？」

あなたの論点：_____

_____

_____

▶ **課題その4：階級の摩擦の解消と社会主義国家への対抗**

階級の摩擦も問題となります。支配される側との折り合いをつける必要があ

りJます。特に社会主義という理念を持った層です。彼らは，貴族や富裕層の持つ特権を排除し，富を平等に分配するという思想を持っていました。

　英国の下層階級の暮らしは楽ではなく，社会主義的な富の分配による平等を求める勢力が拡大していました。チャーチルにとって脅威に映ったのは，この運動の後ろ盾となるソ連などの社会主義国家の膨張です。富の再分配という名の下で革命を起こし，階級制度の崩壊を目指します。このため，国内の社会主義勢力を抑えるだけでなく，戦後脅威となるソ連の力を，どう封じ込めるかが重要な課題でした。

チャーチルの問い 4　「どうやって勢力を伸ばす社会主義国家に対抗するか？」

あなたの論点：＿＿＿＿＿＿＿＿＿＿＿＿＿＿＿＿＿＿＿＿＿＿＿＿＿

　　＿＿＿＿＿＿＿＿＿＿＿＿＿＿＿＿＿＿＿＿＿＿＿＿＿＿＿＿＿＿＿

　　＿＿＿＿＿＿＿＿＿＿＿＿＿＿＿＿＿＿＿＿＿＿＿＿＿＿＿＿＿＿＿

ビジネスケース❷　チャーチルをもてなしたココ・シャネル

　第11章のシャネルのビジネスケースに関連して，この章で学んだ分別法を活用してみましょう。階級や伝統が色濃く残る西欧では，ビジネスにおいて「人脈」はとても重要です。これを最もうまく活用したのが，シャネルブランドの創始者ココ・シャネル（1883-1971）です。幼少時代を孤児院で過ごした彼女が，高級ブランド「シャネル」を創設し3,500人もの従業員を抱える大企業に育てられた秘訣も人脈にあります。

　彼女の人脈には，ナチスの将校やチャーチルなどの政治家も含まれます。特にチャーチルは，シャネルの別荘を度々訪れるほど懇意にしていました。

　シャネルは華麗なネットワークを持っていました。パリにサロンを開き，画家のピカソやダリ，作家のコクトーなど一流の芸術家をもてなし交流をします。このようなネットワークの中心としてシャネルのブランド力も高まるだけでなく，他の芸術家から刺激を受けデザインのインスピレーションも得ていました。

　彼女の恋愛歴も華麗です。ロシアの亡命貴族ドミトリー大公を自分の別荘に囲い

こみます。後に，彼からロシア人の香水調合師を紹介され，協力を得て1921年シャネルNo5を開発することになります。ここで技術革新を行います。それまでの香水は自然の花の香りを調合し製品にしていたので匂いが長持ちしません。一方，No5は合成香料アルデヒドを入れることで8時間近く香りを保てます。

　画期的な商品を開発したのですが，シャネルはまだ経営をよく理解していませんでした。ユダヤ人資本家ヴェルタイマー兄弟の資金援助で香水会社を設立し社長になります。しかし狡猾なユダヤ人兄弟は権利の7割を所有し，シャネルの権利は2割ほどしかない条件でした。シャネルは契約内容を後悔し，後に条件の見直しを頼みますが認めてもらえませんでした。

　またシャネルは**英国の大富豪ウェストミンスター侯爵**とも恋愛関係になり10年近く付き合います。この貴族との生活の経験もビジネスに活かします。彼が着ていた男性服用の生地ツイードを女性服に取り入れます。また，貴族の乗馬用の生地であるジャージも素材としてシャネル製品に取り入れます。いずれも，これまでの女性ファッションにはない革新的な製品です。

　このウェストミンスター侯爵の持つスコットランドの別荘を当時頻繁に訪れていたのが，後に首相になるチャーチルです。彼はシャネルとも親しくなり，彼女の所有する南仏ニースの別荘も訪れるようになります。チャーチルはこの別荘が気に入っていたようで，シャネルが手放した後，ノーベル文学賞を受賞した戦争の回顧録をここで書き上げます。

　シャネルのビジネスの凋落は，第2次世界大戦前から始まります。従業員のストライキに見舞われ，不況で売り上げも伸びずに1939年に戦争が始まると，香水とアクセサリー以外の部門をすべて閉めてしまいます。1940年にパリもドイツの占領下におかれます。

　パリの有力者たちは亡命するか，ナチスに協力するか選択を迫られます。この時，シャネルは，人脈を使いナチスに協力する道を選びます。表向きは外交官でナチスのスパイであるディンクラーゲの愛人になります。ナチスの捕虜になった自分の甥を釈放してもらおうと人脈をつてに出会ったのが，ヒトラーに直接謁見もできたディンクラーゲでした。彼の支援でこれまでと同じパリのホテルリッツに居住できます。このホテルはドイツ軍が管理していました。こうして**占領下でも身分や財産の保証**を手に入れます。

　ドイツがユダヤ人の財産を没収していたのは，シャネルにとって好都合でした。No5の販売会社の実権を持つヴェルタイマー兄弟はユダヤ人なので，権利を取り戻そうとディンクラーゲに働きかけます。しかし彼らはすでに米国に亡命し，さらに香水会社の権利をフランス人の経営する会社に移しており，計画は失敗します。一

方で，シャネルはナチスの人脈を使い，逮捕されたユダヤ人の芸術家の関係者を救っています。

1943年にドイツの戦況が不利になると，シャネルは**ナチスのためのスパイ活動**に加わります。シャネルが知人である英国首相チャーチルに直接会い，ドイツとの和平交渉を進言するという作戦です。彼女の暗号名はかつての大富豪の愛人名ウェストミンスターでした。実際にナチスの手配でスペインのマドリッドに行きます。英国大使館でチャーチルに会う交渉を行い，面会を求めた手紙を書きます。ところがチャーチルの返信はなく，この作戦は実現できませんでした。

ドイツが連合国に負けると，パリではナチスの協力者に対して厳しい粛清が始まります。シャネルも例外ではなく，ホテルリッツで逮捕されます。ところが彼女は他のナチス協力者と異なり，直ぐに釈放され，スイスへの亡命も許可されます。やがてスイスのローザンヌで，逃亡していたスパイのディンクラーゲと暮らし始めます。シャネルの釈放やスイスへの亡命の**手助けをしたのは，チャーチル**だと言われています。

以上のように，貧しい階級からビジネスの成功をおさめたシャネルの戦略は，自分になかった地位や名声を持つ人々との親密な人脈作りです。その秘訣は，膨大な時間や支援を才能ある人々に惜しみなく与えることにより，多くの信頼を得ることができたからです。

現在もシャネルの残した功績は大きく，シャネル社は2万人以上も雇用している大企業でフランス産業に貢献しています。

ディベートトレーニング❻

 ココ・シャネルの動議に分別法で反証

それでは以下の動議に対する反証を行ってください。この際，この章で見た分別法を活用してみてください（解答例は巻末に掲載しています）。

「シャネルはフランスにとって恥ずべき存在である」

まとめ

　ジョンソン首相をはじめ欧米のリーダーは，危機的な状況でチャーチルが置かれたコンテクストや時間軸を理解し，その言動から現代に直面する問題の解決方法へのヒントを得ようとしています。ここでは，アクター・ディベートという形態で，チャーチルが抱えた課題を，彼の観点から解決策を探すトレーニングを示しました。特に，ディベートで反対が不利な動議には分別法で，人と実績を分けて議論することが有効です。

　またビジネスケースとして，チャーチルの知人であった，ココ・シャネルの人脈戦略を確認しました。孤児院の貧しい身分からフランスを代表するラグジュアリー企業を構築する過程で，様々なネットワークを構築します。彼女のナチスとの関係と第2次世界大戦中の行動を分別法でディベート対策を考えてみてください。

ハリー・ポッターの映画の撮影で使用された
ボドリアン図書館の天井　⌒第5章

第16章

「国王と国家」のディベート が世界を変えた理由

　この章では，前章で提示した課題1の「第1次世界大戦後の厭戦気分を抑える」にチャーチルがどのように対処していったか見ていきます。

☑ チャーチルのコンプレックス

　チャーチルの観点では，オックスフォードは英国のエリートを輩出する機関であるはずです。しかし，ユニオンは「国王と国家」のようなディベートを行い，国の厭戦気分をあおっているように見えます。歴代の指導者を輩出している組織における，このような事態は見過ごせないと考え，様々な抑え込みを行います。

　チャーチルは，オックスフォード大学やユニオンに対して複雑な感情を抱いていました。彼が目標としていた父は，この大学で学び，政治家時代にユニオンの最初のゲストスピーカーとして呼ばれました。また，チャーチルの息子もオックスフォード大学に入学し，ユニオンのプレジデントを目指します。学業が振るわないチャーチル自身は，入学できなかったこの大学に対してコンプレックスを持つのは自然かもしれません。

　チャーチルも名誉なことに1928年と1930年の2回ユニオンのディベートに招聘されます。ようやく，父と同じ立場となり，英国のエリートを輩出する大学で議論する機会を得ることになります。ところが，彼の主張する，戦争のための軍備拡大は支持されませんでした。

　ディベートでは，相手の主張を把握したうえで，内容を十分に分析し建設的に批評する技術が必要です。また，一人の傑出したスピーチより，チームとしてバランスが取れ，客観的に相手方の論旨を論破する戦略も要求されます。

チャーチルが対峙した学生や，他のゲストも主張の一貫性や，議論の客観性などディベートに熟達しています。彼らを論破して，客観的な立場の聴衆の支持を得るのは，簡単ではなかったようです。このディベートでの失敗は，彼にとって**プライドを傷つけられた苦い経験**となります。

オックスフォードの学生は平和主義なのか？

この時代は，まだオックスフォードは上流階級やパブリックスクールの子息が多く，保守的なエリートの子息が通う大学という認識がありました。

しかし，このディベートが行われた学期のユニオンのプレジデントは，ハーディという社会主義支持者です。また会計委員長のフットも同様で，後に労働党の国会議員になります。特筆すべきは，秘書がカラカというインドの出身者でした。彼は，後にインド人最初のユニオンのプレジデントを務めます。当時のユニオンの主流は，自由や革新的な考えを持つ学生たちです。このような状況を憂いて，保守層の多いOBたちは「ユニオン赤の時代」と揶揄しています。赤はソ連や中国共産党の色で左翼を示唆します。

なぜ，この頃のユニオンは平和義を支持する学生が多かったのでしょうか。この大学に通う若者は伝統的に，英国に忠誠心があり，国家の危機になると率先して立ち上がります。☞第5章

世界大戦に出征した多くの戦死者の名前は，今も各カレッジの内壁に刻まれています。

しかし，政治を主導するリーダーに従い命をかけて戦って，**若者が手に入れたものは，何もありませんでした**。目の前にあるのは，戦争の惨禍と，さらなる軍備の拡張により悪化する経済的な問題です。富の分配は一向に実現されず，下層階級はさらなる貧困が続いています。

理想を求める若者たちが深い議論をする中で，英国のリーダーや体制に疑問を持つのは自然の成り行きでしょう。次の戦争が起これば，自分たちも英国のために戦うことになるという認識があります。このため，学生の間では，平和主義や武力解除を支持する者が多くなります。

国王と国家のために，どのような状況でも戦わないのか？

当時の学生の時間軸とコンテクストによる思考は次のようになります。

- 軍備拡張が進む中で，今のリーダーたちに任せては，次の大戦で意味もなく戦場に向かう
- 軍需費に無駄なお金を使うのではなく，庶民の生活を優先すべき
- 戦争を避けるために平和主義を推進したほうがよい

このコンテクストの中で，いかに「国王と国家」のディベートが行われたのか見ていきましょう。世界の歴史を変えたと言われる事件は，1933年2月9日に起こります。ユニオンの主要委員は，どうすれば多くの観衆がディベートに来てくれるのか，いつも腐心しています。

この年の1月から始まるヒラリー学期も同じで，「国王と国家のためにどのような状況でも戦わない」という，話題性のある動議を思いつきました。学生の中には平和主義や武装解除を支持する者が多く，このような物議をかもすテーマであれば，たくさんの学生が参加してくれると考えました。

この年には，ドイツでヒトラーが首相に就いており，ヨーロッパでは，次の大戦への緊張が高まっていました。問題は，この動議に賛成の立場から議論してくれるゲストの選出です。想像してみてください。戦前の日本において，このような動議が提案されたらどうでしょう。「平和主義や軍備増強の否定を唱えるとは，非国民だ」と周りから言われたでしょうね。

英国は**自由な議論を推奨する国**なので，日本ほど圧力はなかったと思われます。それでも，学生の理想に付き合い，「戦争に反対」を唱えてくれる論客選びは，容易ではありませんでした。幸い，平和主義者の推進派ジョウドが引き受けてくれました。彼は，後にロンドン大学のバークベック・カレッジの哲学学部長を務めることになる，雄弁なディベーターでした。

ディベートの公平性を担保するため，動議に反対する側にも優れた人を選ぶ必要があります。保守の強力な論者ホッグが引き受けました。彼は貴族出身で，クライスト・チャーチで学び，後に保守党の大臣を歴任する人物です。戦中の

チャーチル内閣では，航空副大臣も務めます。

ディベートでは，賛成・反対の両側に強力なスピーカーがいないと議論が盛り上がりません。主催するユニオンに平和主義者が多いとしても，その考えを認めさせるのが目的ではありません。真っ向対立する討議を通じて，**新しい知を創造する瞬間を聴衆と共有して楽しむのです。**

「国王と国家」の動議は，賛成275，反対153。これが，ディベートの聴衆の判断です。ジョウドやホッグの議論だけでなく，学生代表の演説も鋭く白熱したディベートでした。

「素晴らしいディベートだったね。結果が新聞に掲載されればいいのに。」

ユニオンのプレジデントのハーディは，議場を出るときにメンバーに言ったそうです。この時点では，後に国を挙げた大騒ぎになり，トラブルに巻き込まれるとは夢にも思っていません。

ユニオンの委員たちには，この動議は毎週木曜日のディベートの1つにすぎません。ハーディたちは，ディベートの成功を祝い，ユニオンのバーで祝杯を上げカレッジに戻りました。

🖋 マスコミによる炎上はなぜ起こったのか？

このディベート結果が社会現象になった理由は，新聞各社による報道の影響があります。テレビもない時代の最大の報道機関は新聞でした。英国の新聞は政治的立場が比較的明確にされており，各社の主義主張に基づき自由に報道を行います。

2月9日のディベート結果は，翌日10日金曜日にいつものように地元のオックスフォード・メイル紙が記事にしました。ところが次の11日に，右派で発行部数の多いデイリー・テレグラフに，オックスフォードのオール・ソールズ・カレッジで歴史を教えたファースの投稿記事が掲載されます。彼は，「ユニオンが共産化し，国のために戦場で亡くなったオックスフォードのOBを冒涜している」と非難しました。彼は，ディベートのやり直しを要求しました。

ここから，次第に新聞各社で炎上し始めます。12日の日曜日には，保守系の

有力誌3社が，「国王と国家のディベート」の結果を非難します。特に，代表誌タイムズは「ユニオンは，オックスフォードの意志とは異なる，一部の変人の手に落ちた」と厳しいコメントを書きます。

デイリー・エクスプレスには「ケンブリッジ大学が伝統的なボートレースの中止を要求」と報道します。また，モーニング・ポストには，「卑しい身分出身の275人の青年が説得された」と，現代では考えられないような差別的な記事を載せます。

逆に，革新的な新聞には，「若い世代は平和主義で国際主義者であることを古いオックスフォード出身者は理解していない」という掲載がありました。また，「彼らの行動を誤解している。国王と国家に忠誠心がないのではなく，それを理由として戦場に行かされることに反対」など，ユニオンの採決を支持する論調もありました。

オックスフォード大学は，マスコミに多くの卒業生を輩出しています。彼らの中には，学生時代にユニオンの委員など，ディベートに参加した者も少なくありません。このためユニオンの決議は取り上げやすい話題であったと思われます。実は，同じようなディベートが少し前にケンブリッジ大学でも行われたのですが，こちらは話題にもなりませんでした。

また，マスコミは，いつの時代もニュースを売ることが重要な仕事の1つです。新聞社の場合は，発行部数を伸ばすことです。オックスフォードは富裕層の子息が多く，ユニオンは英国の政治家を多く輩出しています。ここで，「国王と国家」のために戦わないという決議は，話題性が大きく，人々の注目を集めます。各社が互いにキャンペーンを張って盛り上げれば，新聞を手に取る層も増えます。

先に述べたデイリー・テレグラフに掲載された，ファースの再審議を求める投稿に対して，ユニオンは反論をします。プレジデントのハーディが同紙に次のような記事を投稿しました。

「大戦で命を落とした方々を冒涜するものではない。**若い世代は多くの尊い命が再び奪われないようにする最善の方法を真剣に考えている**」

☑ マスコミに扇動される人々

　新聞の報道を見て，最初に扇動されたのはチャーチルの息子ランドルフです。この背景には，彼の**ユニオンに対する個人的な恨み**もありました。1929年ランドルフはオックスフォードに入学するとユニオンのメンバーになります。プレジデントを目指して積極的に活動します。ところが，ユニオンのインド独立に関するディベートで失態を演じます。

　この時ランドルフは，父チャーチルの政策であるインド植民地を正当化する討議を行います。しかし，ユニオンのメンバーや学生の多くは進歩的であり，インドは独立すべきと考えていました。彼の主張は簡単に論破され，聴衆の面前で面目を失います。ランドルフは挫折しユニオンのプレジデントの道をあきらめます。結局，大学も中退することになりました。

　国王と国家のディベートに対する「ファースの再討議の要求」の新聞記事は，ランドルフにとってユニオンに復讐する絶好の機会到来です。彼は，早速ユニオンの終身メンバーのOBたちに，以下のような手紙を送り，再討議の要求を実現するよう働きかけます。

　「今のユニオンの主要委員は，このような恥ずべき動議を通すような，信頼できないメンバーです。3月2日に再討議をさせ，できればこの決議をユニオンの記録から消し去ります。」

　自分はなれなかった，ユニオンの主要委員に対する嫉妬が現れた，強い批判ですね。

☑ ユニオンへのテロ行動のはじまり

　ディベートの1週間後の2月15日水曜日に，送り主不明の箱がユニオンに届きました。プレジデントのハーディが，恐る恐る蓋をあけます。そこには，275個の白い羽が入っていました。白い羽は，降伏する「臆病者」を意味するものです。「国家の危機におじけづき，平和を口にする臆病ものだ」というメッセージです。呆然としている主要メンバーに，2つ目の送り先不明の箱が届きました。再び275個の白い羽が届きます。今度は警告で，この噂は広がり

ます。

　16日の定例ディベートの日に，ハーディは聴衆に向かって演説をします。

　「先週，国王と国家のディベートに賛成した人には，1人2つまで白い羽を
あげることができますよ。さらにもう2，3日待てば，もらえる数は増えると
思います。」

　彼の気の利いたジョークに会場は沸きました。しかし，中には彼のスピーチ
を苦々しく思っている一団もいました。「奴らは懲りてない」と思ったので
しょう。

✏️ 暴徒によるテロ

　2月17日にも別の動議でディベートをすることになっていました。ハーディ
が討議の開始を告げたその時，20名近くの若者が突如議場に乱入します。そし
て，記録を取る秘書席に詰め寄りました。そこには，インド人学生の秘書カラ
カがいます。

　暴徒たちは，記録を始めていたカラカから議事録を奪い取り，叫びました。
彼らは，議事録の中から2月9日の結果を記録したページを破り取り，聴衆に
誇示します。この中には，英国ファシスト党員を名乗る者もいました。彼らは，
「英国第一主義」を訴える右翼の活動家たちです。この団体の代表に資金的援
助をしていたのが愛国者ハウストン婦人です。彼女は，ユニオンの議決を罵る
コメントを新聞に発表しています。後日，この婦人が白い羽の送り主の1人で
あることが明らかになりました。

　暴徒たちは，破り取ったページを誇示しながら，オックスフォードのカレッ
ジの間を行進しました。そして，殉教したイギリス国教のリーダーの像の前で
儀式を始めたのです（☞第5章）。英国人にとって恥ずべき記憶は消し去るべ
き，として動議の記録に火をつけ燃やしました。

✍ チャーチルの介入：
チャーチルの課題1へのコミュニケーション戦略

　前章で示した，チャーチルの課題1「どうすれば平和主義のオックスフォードの学生や，社会の意見を戦時体制に向かわせることができるか」の解答例は，次のようになります。

　この国王と国家のディベートは，戦時体制に反対する学生たちを抑えるのに絶好の機会でした。ユニオンのディベートは国民の注目度が高く，ここを利用するのは有効です。幸い連日のように，新聞報道がなされ，保守的な新聞は，一斉に学生の平和主義を攻撃してくれています。

　息子のランドルフは，ユニオンのOBたちに再審議の協力を求めています。ただ，ユニオンの出身者の多くは，学生による自治を尊重しています。伝統として，選挙で任命された主要委員は，大きな権限と自由な裁量を持ちディベートを行うことが通例です。しかし，ランドルフには政界に大きな影響力を持つ父がいます。

　チャーチル自身は，オックスフォードの出身ではありませんが，大物政治家として政界にコネが効きます。英国保守の代表として，国内の平和主義者を抑えることを，ユニオンのOBに働きかけることはできます。また，ディベートで2回も恥をかかされたユニオンの学生たちに，復讐をする良い機会と思ったのかもしれません。

　チャーチルは，「国王と国家」のディベートに対する公式見解を述べます。

　「我々の最も有名な大学にあるディベート組織で，惨めで，汚く，恥知らずな決議が行われた。」

　彼は3月2日の再審議に向け，積極的にユニオンOBたちを説得し協力を得ていきます。彼の戦略として，ユニオンで初の一度決めた決議を覆すディベートが実現に向けて動き出します。

ビジネスケース❸　ハロッズを使え

・英国の国王は国家の最強のビジネスブランド

　世界の一流ブランドの代名詞として「英国王室御用達」という表現があります。これは単に国王が使っているということではなく，ロイヤル・ワラントと呼ばれる王室が正式に認めた称号を持つ企業です。始まりは15世紀で，現在はロイヤル・ワラント保持者組合が管理しています。厳しい検査を受けて認められた企業は，店舗などに王室の紋章を掲げる許可を得ます。この紋章は，大英帝国として世界の海を支配した王家が愛用し，価値を認めている製品として，国際的な一流ブランドの称号となります。ロイヤル・ワラントは英国の伝統的企業の繁栄にも大きく貢献していると言えます。

　英国王室のメリットは，この称号を与えた企業が納品しても，**支払いの請求はない**ことです。すでに世界有数の大富豪ですが，紋章を提供するだけで高級品の出費を心配しなくてすみます。まさに，産業界も潤い，王室も潤うウィンウィンの関係です。日本でも人気のあるバーバリーなども御用達ですが，特にうらやましいのは1913年創業の高級車アストン・マーチン社です。皇太子は，スパイ映画007で登場するスーパーカーも，支払いなしで手に入れることが可能です。

　世界の観光客に人気のロンドンのナイトブリッジにある高級デパート，ハロッズも2000年までは王室御用達で，大きな紋章を建物に飾っていました。世界最大規模の売り場面積を持つハロッズは，1985年からモハメド・アルファイドというエジプト出身の富豪が所有していました。彼は，ココ・シャネルが住居としていた，パリのホテルリッツのオーナーでもあります。この縁もあり2011年にはハロッズで大掛かりなシャネル展が開催され話題を呼びました。

　1910年から王室の紋章を掲げていたハロッズは，日本人にもたいへん人気があります。1980年代後半から始まった日本のバブル経済の時期は，観光客が大挙して押し寄せ，各売り場で高級品を買い漁る現象が起こりました。近年の日本における中国人観光客の爆買いのような状況ですね。

　このハロッズを舞台に，日本でブランディングに成功したのがクリスチャン・ディオールです。

・高級デパートのハロッズで口コミを広めたディオール

　第15章のシャネルのビジネスケースで紹介したカペラ氏は，日本法人のパルファ

ン・クリスチャンディオール・ジャポンの社長に就任しました。彼はまず，ブランドが成功するためには，現地市場に適合させるべきだと考え，**日本人の肌の色に合う製品の開発**を本社と交渉し実現しました。

　カペラーはディオールのブランドを一層強くする方法はないかと，いつものように自ら市場に出向き調査を始めます。ある西洋の医療品会社が，ボディラインを改善する塗り薬を販売しているのを見かけます。そのコンセプトの価値に気付き，ディオールなら，これをもっとうまく売れると考えました。早速フランス本社を説得し，製品の研究開発を依頼します。4年後，ついにディオール本社は，脂肪部分の過剰な部位を削減するようにセルライト層に効くボディクリームを完成します。スヴェルト・ボディ・リファイニング・ジェルと命名されます。

　ところが，日本に参入する外資系企業の課題である産業障壁に直面します。

　日本には，外国の薬品などの輸入を制限する薬事法があったのです。スヴェルトに含まれる一部の原料がフランスで認められていましたが，日本では新たな治験などをしなくてはなりません。このため，日本市場向けに開発した製品なのに，日本人への販売が大幅に遅れることになります。

　この困難に対して，カペラーはラグジュアリーブランドの「ティザー（teaser）戦略」を打ちだします。これは，製品の入手が遅れることによって，顧客をじらして製品の価値を高める手法です。例えばエルメスの高級バッグは入手までずいぶん時間がかかり，そのことが製品の稀少性を高めます。

　カペラーは，しばらく日本で売れないなら，その期間をティザー戦略に使うことにします。場所は**ロンドンのハロッズ**です。ここで，日本人の観光客をターゲットにスヴェルトの販売を始めます。「ハロッズでしか買えない，高級ブランドのディオールが開発したウェストラインの改善に効く製品」という口コミが，日本の富裕層に広がります。この中には，英国を訪れ，ハロッズでスヴェルトを買い占めに来る人も出ました。

　1995年に日本でスヴェルトの販売が認められた時，大勢の消費者が商品を手に入れようとデパートに殺到しました。日本での販売が遅れたことで，その製品への関心が一層高まっていたのです。新宿の伊勢丹デパートの販売初日には，8階から入口まで行列ができました。ディオールのティザー戦略は効果があり，スヴェルトは単品で初年度50億円の売上がありました。

・ダイアナ妃とハロッズ：高級デパートが王室紋章を失った理由

　英国のダイアナ元皇太子妃は1997年8月31日に自動車事故で亡くなりました。パリのホテルリッツから恋人と車で出かけ，パパラッチと呼ばれる過剰なマスコミに

よる取材攻勢から逃げる途中でした。

　ダイアナ妃はチャールズ皇太子と離婚した後も，積極的な慈善活動などで国民に愛されていました。第15章で紹介したチャーチルが１位に選ばれたBBCの英国の偉人を選ぶ投票番組では，ダイアナ妃は３位に選ばれています。英国の**王子２人の養育権は皇太子と平等**に持っていました。

　ダイアナ妃の恋人であったドディ・アルファイドは，映画プロデューサーでパリオリンピックの英国選手の活躍を描いた「炎のランナー」を制作し成功しています。実は，英国の王室関係者は２人の交際を歓迎していませんでした。これは，彼の父モハメド・アルファイドに原因があります。彼はハロッズもホテルリッツも所有していた大富豪ですが，武器商人の側面もあり，良くない噂の持ち主だったからです。もし２人が結婚すれば，アルファイドは将来の英国国王の義理の祖父になります。またダイアナ妃はイスラム教に改宗することもあり得ます。

　ところがパリの自動車事故で，アルファイドの目論見は壊れてしまいます。アルファイドは，２人は婚約していたと発表し，さらにパリの事故は英国王室の陰謀として裁判に訴えます。この裁判は2008年に陰謀という証拠はなく「事故死である」という結論が出されました。一連の争議で英国王室を訴えたオーナーの所持するハロッズは2000年にロイヤル・ワラントを取り消されました。代わりにハロッズの建物の内部に，ダイアナ妃とドディの写真や，２人の像を飾っています。今は王室御用達ではなく，高級デパートとして営業されています。かつてのように入り口に頑強なガードマンもいなくなり，敷居が低くなったようです。

📤 まとめ

　恒例行事に過ぎなかった「国王と国家」のディベートは，マスコミや政治家を巻き込み大騒ぎになります。チャーチルは，この審議結果を覆す圧力をかけることで，課題１の平和主義者たちの学生を抑えこもうとしたのです。

　英国人にとって，伝統的に国王の存在や影響は大きいものがあります。また世界で最も有名な王室ということで，海外でも知名度は抜群です。彼らが公式に認めた紋章を持つ企業は，最高品質というイメージを築くことが容易です。**まさに国王と国家のためのブランド戦略**と言えます。

クローン羊とダイアナ事件

　オックスフォード在籍中に，セント・アンズ・カレッジの学長を務めていたディーチ教授の勉強会に参加しました。彼女は「英国生殖医療と生殖医学研究管理運営機構（HFEA: Human Fertilisation and Embryology Authority）」の代表も兼務していました。1997年に英国スコットランドでクローン羊の実験が成功して以来，遺伝子操作に関する客観的な判断を行う機構として注目を浴びました。クローン技術を使うと体細胞の核があれば，持ち主と同じ遺伝子を持つ生物を作ることが可能です。

　ダイアナ妃の事件と同じ1997年に，英国で議論となったブラッドさんの裁判の判決が出ました。彼女は亡くなった夫の精子を使って人工授精をしたいと訴えます。HFEAは様々な検証を行い，この件を認められないとし，ブラッドさんと法廷で争うことになりました。結局，裁判では英国内の施術は認められませんでしたが，ベルギーの病院で対処してもらうことは反対されませんでした。

　HFEAの代表をしていたディーチ教授は，私の参加した勉強会でブラッドさんの要求に反対した理由を話してくれました。その根拠は，たとえ元夫であっても，**本人の承諾がない遺伝子などの活用は禁止すべき**という点です。そして彼女は次のような事例を示します。

　ダイアナ妃が自動車事故で亡くなった時，ハロッズの社主アルファイドは，彼女と息子ドディの亡骸から遺伝子を手に入れた可能性があるというのです。彼の財力があれば，残った遺伝子を使い将来クローンを作る可能性も否定できません。これを止めるには，「本人の意志がない行為は認められない」という根拠が必要だと言うのです。

学生たちの選択とオックスフォードの誓いとは

　「国王と国家」のディベートは，大きな社会問題として発展してしまいます。英国の政治家やマスコミ，さらにOBから批判され再審議を要求されます。このような中，当事者の学生たちは，どのような行動をとったのか見ていきます。

チャーチルの戦略：3月2日の再審議結果は

　「国王と国家」を無効にするディベートを開催する圧力が高まる中，プレジデントのハーディはオックスフォード大学の副総長に呼び出されます。これは，よほどの事態です。

　「君たちは，既に大学の名誉を傷つけてしまった。このような会合を再び行うようなことは禁止するべきだろう。もう一度，このことを真剣に考えるように」

　しかし保守派の権力者たちは，「恥知らずな学生たちをこらしめる」必要性を感じており，動議を無きものにするまであきらめません。

　結局，ユニオンの主要委員は，再討議に応じます。

　「グラッドストン以来，ここは自由な議論を行う場所だ。ディベートで決着をつけよう」

　ユニオンのメンバーも編集委員を務めるチャウエルという学生新聞の記録には，「学生の自治に口出しする大人」に対する批判的な記事が，連日掲載されています。特に，再討議の張本人であるチャーチルの息子ランドルフに対する批判は痛烈でした。

　3月2日の議場は，超満員の観衆で膨れ上がります。議場には，わざと胸に

白い羽を付けた学生や，OBをからかい付け髭をしている者もいました。

　チャーチルの息子ランドルフは，身の危険を感じ警察をボディーガードに伴い入場しました。ユニオンの学生たちの演説は，戦争に反対の観点ではなく，自由な議論とその結果の尊重を訴えました。ランドルフは，保守派の観点から，2月9日の討議を無効にすべきという演説をします。しかし，聴衆の多くはブーイングを浴びせます。

　ランドルフは自分の演説が終わると，すぐに議場を離れようとします。議長に全員のスピーチが終わるまで待つように言われると，「この動議は取り下げたい」と言い残し，逃げ出しました。

　その場で，「動議を取り下げる」ことを認めるかが審議されます。否決され，チャーチルの息子が議場から消えた後も，ディベートは続きます。気丈にも，前回も演説をした保守党の論者ホッグは，堂々と「国王と国家」の結果は，記録から消し去るべきだと主張しました。

　途中逃げ出したランドルフを追いかける学生もいました。「捕まえて，ズボンを脱がせて，恥ずかしい思いをさせてやる」と叫んだそうです。しかし，誰も彼を見つけられませんでした。実は，公衆トイレに逃げ込み，迎えが来るまで隠れていたのです。「まあ，自分でズボンを脱いだなら，許してやろう」これは，今もユニオンに残るジョークです。

オックスフォードの誓いの本当の意味

　全員のスピーチが終わると採決が行われました。138対750という結果で，「国王と国家」の決議を消すことは否決されました。これは，ユニオンの歴史で最大で賛否の差です。

　この3月2日のディベートは注目度も高く，社会に与えた影響は大きいものがありました。国内の平和主義者を勢いづけ，政府内でも軍拡反対派が影響力を持つようになります。

　中でも一番影響を受けたのは，大学生の若者たちです。赤レンガ校（Red Bricks）と呼ばれるバーミンガム大学やマンチェスター大学などの英国の名門大学でも同様のディベートが行われます。影響は米国にも広がり，1935年コロ

ンビア大学などの学生6万人が平和の誓いに署名します。

　今でも，この一連のディベートは「オックスフォードの誓い」として知られており，中には大学が戦争の放棄を宣言したと考えている人もいます。

　ところが，「国王と国家」や，3月2日に実施された「記録の削除」のディベート結果は，ユニオンが「戦争の放棄や平和主義」を誓ったわけではありません。確かに，最初の動議に「どのような状況でも戦わない」という文言があります。

　これは正確には，当時のコンテクストの「どのような状況」でも，ということです。ディベートは，重要な課題を討議する知的ゲームです。互いに勝つために，最大限に動議を研究し，コミュニケーション戦略を磨き本番に臨みます。聴衆の判定は，基本的に動議に賛成・反対の討議の優劣です。ユニオンが必ずしも結果にコミットしているわけではありません。

　3月2日の再審議ディベートの議場には，オックスフォード保守党の学生もたくさんいます（☞第8章）。彼らは，軍縮や反戦の立場から記録を消すことに反対したのではありません。

　保守党のメンバーも，**大学の自治に対する圧力への抵抗を示したのです**。ユニオンには「自由な議論の尊重」という伝統的使命感があります。権力者や暴徒が圧力をかけても，この自由にディベートを行う権利は絶対に手放さないという「誓い」です。☞第9章

　例えば，1938年 にユニオンで「国家間の戦争は時として認められる」がディベートの動議となります。この時のコンテクストは，33年とは状況が違います。ナチスが勢力を伸ばし，ヨーロッパは危機を迎えていました。ディベートの結果は，賛成176，反対145で通過です。つまり，この時間軸では「戦争を肯定する」側の議論が勝ったのです。

グローバル教養❻

・オックスフォードの誓いの本質は「自由な議論を守る」
・ディベートの結果は時間軸やコンテクストで変わる

チャーチルのコミュニケーション戦略の失敗

残念ながらチャーチルは課題1で失敗してしまいます。政界などユニオンのOBの力を借りて，オックスフォードの平和主義の学生を抑えこむことはできませんでした。

また，「国王と国家」の記録を消すディベートでは，息子が大恥をかいたうえに，圧倒的多数で否決されてしまいました。注目度は高いため，多くの新聞社はトップニュースで報道します。あらゆる手を使って，再審議を実現させたのに，彼の面目は丸つぶれです。

さらに，この否決に他の大学の学生や，平和主義者たちが勇気づけられ，益々勢力を伸ばす結果となりました。まさに火に油を注ぐことになり，**大学生を黙らせるというコミュニケーション戦略は失敗**します。結果として「国王と国家」のディベート結果が，より広く世間から注目されることになりました。

チャーチルは，大学生たちの「次の時代は自分たちがリーダーになる」という，当事者意識の強さを少し見くびっていたのかもしれません。英国の学生は伝統的に自立心が強く，自由な議論を好みます。将来を見極めるうえで重要な，様々な課題についてディベートを行います。「自分たちの未来は，自分たちが決める」という気概があります。

このことを示す当時のユニオンの会計委員長フットの発言が残っています。彼が，公式の場で国王と国家のディベートの見解を求められた時の記録です。

「この動議が通過したのは，**今の政治家の戦争と平和の解決策の失敗にうんざりしている**からである。我々が動議に賛成したのは，次の大戦の惨事から我々を救ってくれる，どのような新しい方法も受け入れるからだ。」

グローバル教養 ❼

・チャーチル親子のユニオンへの介入の結果，国王と国家のディベートの影響が一層拡大
・学生を中心に平和主義の運動が広がり米国にも伝播する

フットは，後にユニオンのプレジデントを務め，卒業後には国会議員になり労働党の党首になります。自分の理想に向かい，自ら政治活動を始めたのです。

チャーチルのユニオンに対する恨み

チャーチルは，「国王と国家」のような，非愛国的な裁定をするユニオンは許せません。また，当時の主要委員は社会主義を支持する者やインド人です。彼は社会主義を嫌っており，インド人を蔑視していました。しかも「国王と国家」を抹消するディベートも親子で恥をかかされます。

さらにチャーチルがオックスフォードの学生を嫌う事件が起こります。彼は1934年2月4日に再びこの大学を訪問します。ユニオンのメンバーも多い保守党の会合に招かれたのです。

チャーチルは，ここで軍備の拡張を訴えます。この時点では英国議会の保守党でも，このような強硬な意見は少なく，彼は党内で孤立していました。結局オックスフォード保守党の会合で，彼の軍備の拡張の主張は笑われ，恥をかくことになります。この後，息子も自分もプライドを傷つけられたユニオンに対して，公式の場で敵対的な発言を増していきます。

独裁者ヒトラーやムッソリーニを動かす 「国王と国家」のディベート

ユニオンの「国王と国家」のディベートは，「平和の誓い」だけでなく，「第2次世界大戦中に独裁者たちを動かした」という伝説となっています。オックスフォードの公式ツアーガイドの中には，ユニオンの鉄柱の門の前に観光客を案内し，この2つの伝説を説明する方もいます。でも，よく聞いてみると，最後に「と，言われています」という言葉を付け加えます。

「ヒトラーを動かしたディベート」という伝説は，独り歩きをしているようです。多くの研究者はこの事実を確かめようとしましたが，誰も正確な証拠を見つけていません。

間接的な証拠として，このディベート結果は当時のドイツの新聞で報じられ

ています。私も確認したのですが，この古い記事の複写はユニオンの図書館に残っていました。ヒトラーがこれらを読んだ可能性はあります。しかし，彼は当時の日記を残していないので，本当に読んだのか確認できません。また，ドイツの英国との開戦は，この事件から6年も後の1939年です。

さらに，当時のナチスがプロパガンダとして使った機関紙には，一度もこのディベートに関する記事は掲載されていません。ヒトラーがこのディベート結果を見て，「イギリス人は恐れるに足らない」と考え行動したなら，まず宣伝に使うでしょう。

実はユニオンの伝説を作ったのはチャーチル⁉

では誰が，「ユニオンのディベートが独裁者たちのヨーロッパ侵攻を決意させた」と思わせたのでしょう。

答えはチャーチルです。彼は，ユニオンの討議は，ドイツやイタリアの若者の行動に比べると嘆かわしいと述べました。そして，若いファシスト党員を勇気づけたと言っています。チャーチルは，ヒトラーと直接会見したことがないので，この独裁者の真意を確かめられません。しかし，ムッソリーニとは会って話をしています。

「国王と国家」のディベートは，1944年6月24日の貴族院におけるチャーチル演説で伝説となりました。彼は，この場で次のように宣言します。

「オックスフォードの事例は，ヨーロッパや，我々の威信を傷つけた。我々は，それがムッソリーニに影響を与えた明確な証拠を持っている。英国はもはや敵ではないと考えさせ，ドイツの側に付こうと決心させたのだ。」

ディベート結果を取り消そうとして失敗した，11年も前の醜態を，議会で復讐をするのですから執念深いリーダーですね。「ユニオンの決議のせいで，戦禍が広まった」と宣言します。しかし，この発言はユニオンにダメージを与えるより，国王と国家のディベートの伝説化に貢献します。首相の公式な発言は，信頼の高い情報として，その後，大衆に受け入れられます。

「学生のディベートが歴史を変えることもある」

これは，今でもユニオンの若者たちが肝に銘じていることです。そして，持

続可能な世界を実現するために，将来のリーダーとして真摯にディベートに励もうとしています。

📲 チャーチルの遺産

先に書いたように，1934年には，ユニオンで軍備拡張について演説をして笑われました。しかし，チャーチルは将来のエリート学生の説得をあきらめません。1936年にユニオンの保守党支持者に向けて，再び軍備拡張の必要性だけでなく，**ヨーロッパ未来図のスピーチ**をします。このユニオンの議場で，彼の思想を受け継ぐ将来のリーダーを育むことになります。

チャーチルの演説に感動したユニオンの学生の1人にエドワード・ヒースがいました（☞第11章）。ヒースは，1938年にユニオンのプレジデントとなり，政治家を目指します。彼はその後，保守党のリーダーを10年間勤め，1970年に首相になります。彼の政権時代に，チャーチルが構想の基礎を作った，**欧州共同体への英国の参加が実現**します。

ユニオンが歴史を変えたと言われる3つ目の1975年のディベートでは，ヒースはスピーカーとして議場に戻ってきます（☞まえがき）。テレビ中継されたディベートの中で，彼は説得力のある欧州残留の演説をします。この時のユニオンの残留を支持する結果が，人々の投票に影響を与えたと言われています。ヒースのあだ名は「ミスター・ヨーロッパ」です。

このようにチャーチルは，後に英国の首相を務めるヒースのロールモデルとして，招かれたユニオンで重要な役割を果たしました。

ビジネスケース④　学生のためのビジネスから始まった宇宙旅行

2021年7月11日にヴァージン・ギャラクティック社が世界で初めて一般乗客を宇宙に運びました。この中には英国のヴァージン・グループの創設者リチャード・ブランソンも含まれています。17年前の2004年に，ブランソンは宇宙旅行を提供する目的で会社を設立しました。当時は，荒唐無稽だと笑う人も少なくありません

でした。一方で，ブランソンなら実現できるかもしれないと期待して予約を申し込む人もいました。彼は，これまで数々の不可能と思われたビジネスを実現してきたからです。英国の伝統やしきたりを壊しながら，**既得権を持つ大会社に果敢に挑む海賊**のイメージを作り，若者に人気のある経営者です。

　日本でも2005年5月から，この宇宙旅行の受付を始めました。米国では地上80キロの高さを超えると宇宙飛行士と認められます。ヴァージンの宇宙船VSS Unityは，その高さを超え数分間，無重力状態を楽しみ地球に戻ってきます。1人当たり25万米ドルの料金で年間に500人を宇宙に運ぶ計画です。

　ブランソンの経営の特徴は，市場を占有する大手企業への挑戦や，困難なビジネスへの参入です。小さな事業から始めるため資金難で，一流企業のような広告はできません。その代わりにゲリラマーケティング戦略を取り入れ，ブランソン自身の破天荒な行動で話題を作り，メディアに取り上げてもらいます。例えば，熱気球で太平洋横断に挑戦しヴァージンの名前を一躍有名にしました。また，各業界の経験がなくても才能ある若者を見つけ，大きな権限を与えて挑戦させます。これも経営戦略の1つで，成功実績のある人には高額の給与が必要ですが，若い人なら低額でも情熱を持ち取り組んでくれます。そもそも業界の既存システムに挑戦するので，経験がない方がよい場合もあります。

　ブランソンは1968年に16歳でスチューデントという雑誌を始めます。理由は単純で，それまでの若者向けの雑誌が退屈だったからです。木曜日に発行される彼の雑誌は，出版社の大人目線ではなく，若者が自分たちの価値観を表現できるプラットフォームを目指します。例えば，政治家が始めたベトナム戦争についても批判的に取り扱いました。雑誌業界の既存のビジネスモデルに適合できずに，あまりうまくいきません。

　この雑誌の発行を通して，ブランソンは若者の最大の関心は音楽だと再認識します。ところが当時レコードの値段は，業界のルールで固定されており，若者が自由に買うには高価でした。ブランソンはスチューデント誌の裏の広告欄を使って中古のレコード販売を郵送で行うことを思いつきます。これだと大手レコード会社のシステムに乗って店舗で販売する必要もなく，値段も若者が気軽に手に入れる額に設定にできます。**大手が思いつかないニッチな販売方法**は大成功をおさめます。ところが，突然暗雲が立ち込めます。英国の郵便局ロイヤルポストがストをはじめ，レコードの郵送販売が困難になります。

　仕方なく，ロンドンに自前のレコードショップを始めます。海外からの輸入ルートなどを使い，既存のレコード店より安く販売します。これがヴァージン・レコード店の始まりです。既存の手法と違うレコード販売店は若者の支持を得て急拡大し

ます。

　やがてレコード販売だけでなくアルバム制作を始め，オックスフォードのある県
オックスフォードシャーのお屋敷を買い取り，滞在型の録音スタジオを作ります。
他の会社が取り扱わない，売れるかわからないような実験的なアルバムを制作しま
す。躍進のきっかけはパンクの代表的バンドのセックス・ピストルズです。英国王室，
政府，大企業をこき下ろす反体制的な歌詞や言動は，一部の若者の熱狂的な支持を
得ます。ところが，放送禁止用語の多用や，国歌を侮辱したような楽曲が原因で大
手のレコード会社から次々と契約を打ち切られます。ヴァージンは彼らと契約し，
積極的にプロモーションを行い，大成功をおさめます。ブラソン自身も，彼らの過
激なゲリラ演奏を手伝い逮捕されたこともあります。

　またヴァージンは，カルチャー・クラブのボウイ・ジョージも発掘し，ニュー・
ロマンティックというジャンルを広げます。これは，女装などの奇抜なファッショ
ンで演奏する現在のビジュアル系へと発展します。

　ブランソンは，既存の大手企業が独占する市場にあえて参入し，業界に旋風を巻
き起こしてきました。彼を特に有名にしたのは，英国航空BAに対抗して1984年に
起業したヴァージン・アトランティックです。ほぼ独占的な地位を占めるBAに対し
て，割安な価格と徹底した顧客重視の戦略を取り入れます。エコノミー席のスペー
スを広げ，オンディマンドの映画や音楽が楽しめるスクリーンも全ての座席に装備
しました。またBAを名誉棄損で訴え挑戦するだけでなく，BAの乗組員がイラク軍の
人質になった時は，ヴァージンの飛行機で救出活動を申し出ます。この航空会社は
新型コロナの蔓延までは順調に発展しました。

　ブランソンの若者活用の事例として携帯電話参入のケースがあります。1999年に
新規参入したヴァージン・モバイルは，将来の顧客として学生をターゲットにしま
した。英国の大学生は一部を除いて，お金に余裕がありません。学費だけでなく寮
やアパートの部屋代の出費も苦労します。奨学金や学生ローンをしている人も多く，
学期中は学業が忙しくアルバイトも困難です。そこでヴァージンは**学生による学生
のためのマーケティング**を実施します。まず，インターネットで各大学の優秀な学
生アルバイトを募集します。彼らを中心に学内でプロモーション活動をしてもらい
ます。また，大掛かりなイベントとして学生対抗のヴァージン携帯電話広報マーケ
ティング大会を主催します。コンセプトは「何でも楽しむ」です。優勝の賞金は仲
間4人分の1年間無料の住居費です。各キャンパスの投票により優勝者を決めるた
め，他の学生にどれだけアピールできるかが重要なポイントです。中には全身赤色
に染めて出歩く学生や，街の壁を真っ赤に塗ってしまう学生もいました。この仲間
と楽しみながら賞金をとるイベントは大人気となります。

以上のようにヴァージン・グループは，各分野を小規模なグループから始め，若者に積極的に機会を与えることで成長してきました。失敗も少なくありませんが，未来のリーダーに夢を託して挑戦させることで，若い優秀な人材を惹きつけています。ブランソンが16歳で始めたビジネスは，2019年には売上２兆５千億円以上になり，従業員は世界に約71,000人もいます。

📝 まとめ

「国王と国家」のディベートは，ユニオンに恨みを持つチャーチルの手で伝説となります。英国の大学生は自立心が強く，「自分たちの将来は自分たちが決める」という強い当事者意識をもっています。持続可能な社会を実現するため，問題の解決に向けた自由な議論を重視し真摯にディベートに取り組んでいます。

現在，社会でトップを務めている方は，その人の過去の実績で昇り詰めています。つまり，これまでの勝ちパターンを身に付けていると言えます。ところが，変化が激しくスピードが速いと，必ずしもそれが常に通用するとは限りません。むしろ破壊的なイノベーションには障害になることもあります。

日本もヴァージンのように，若者に自分の手で未来を決めさせ行動する機会をどんどん与えるといいかもしれません。しかし，そのためには学生の時代から十分なクリティカル思考を身に付けて準備をしておくべきでしょうね。

危機を迎えたリーダーの役割を学ぼう

　危機におけるリーダーの役割は，チャーチルのコミュニケーション戦略から多くのことを学べます。ここでは，第15章で提示したチャーチルの課題2の解答例も見ていきます。

危機におけるリーダーシップ

　様々な経緯でリーダーになる人がいます。集団合議的な形では，周りから支えられてその地位にいます。有力者の力を借り，そこに辿りつくこともあります。時には，外部には見えない取引で，その地位を確保している人もいます。この場合，その地位をできるだけ長く維持するために，押し上げてくれた利害関係者との調整を行い，便宜を図ろうとします。平時では，このようなことが多少目についても，自分に災難が降りかからない限り，人は見過ごします。

　しかし，「国家的な危機」時のリーダーは，国民全体が最優先で，個人的な利害は全て清算すべきです。日本で派閥や政党の利害関係者や資金支援者，後ろ盾の利益は考えない。このようなことは可能でしょうか。後で仕返しを受け，トップの地位を早く失うかもしれません。

　それでいいのです。危機を解決できるリーダーは，**全てを失う覚悟が必要な重責**なのです。いわゆる「無私」の状態で，「自分は今の大きな課題を解決するために存在する」と認識することです。不思議と，個人の利を捨てると，これまでの反対勢力や敵対していた側からも，志のある協力者やフォロワーが現れます。これを実現し，西欧を救ったのがチャーチルです。

☑ 危機時のチャーチル

　1940年のナチスドイツの侵攻力は強く，ソ連より西のヨーロッパの多くがファシズム国家の影響下に置かれました。フランスもドイツに降伏しています。英国は孤立しており，ナチスと対抗できる自由主義陣営は米国しかありません。しかし，米国は欧州に不干渉の態度をとっており，この時点で頼りになりませんでした。

　決して有利でない状況で，ドイツとの宥和策をとり，戦争を避けるべきという意見も多くありました。しかし，チャーチルはナチスとの交渉を拒み，国民に徹底抗戦を訴えます。この時，チャーチルは，危機時におけるコミュニケーション戦略に優れた才能を発揮します。

　戦時中いかに国民をまとめるかを最優先させました。彼はラジオなどメディアを巧みに使い，民衆を鼓舞していきます。自分の演説のためにBBCの放送枠を設定します。この際，「我々は決して降伏しない（We shall never surrender.）」などの短いフレーズを効果的に使います。

　首相に就任した1940年の演説では，「私が捧げるものは，血と苦労，涙と汗以外に何もない」（I have nothing to offer but blood, toil, tears, and sweat.）と言って，全身全霊で危機に立ち向かうことを宣言します。

　首相になると早々にバトル・オブ・ブリテンと呼ばれる，ナチスによる英国本土空襲という最大の危機を迎えます。この時は，被爆地を頻繁に訪れ，人々を勇気づけました。勝利のVictory を意味するVサインを示し民衆を鼓舞し続けました。このように，**リーダーの強い決意と明確な方針をわかりやすく伝え**国民をまとめました。

　チャーチルは，米国を戦争に引き込むために最大の努力をします。英国だけの軍事力では，強力なナチスに対抗することは不可能だからです。このため米国のリーダーであるルーズベルトに何度も協力を依頼します。さらに米国に渡り，直接その国民にも語り掛けます。

```
┌─────────────────────────────────────┐
│     交渉戦略ポイント⓲              │
└─────────────────────────────────────┘
```

チャーチルから学ぶ危機のリーダー

・自分の利害関係は国民のため清算する

・責任を持って事態を解決することを明確に宣言し行動する

・目的やゴールをわかりやすくフォロワーに繰り返し伝える

 チャーチルの課題２：労働者階級の生活改善

さて，第15章で提示した，チャーチルの課題２を思い出してください。どのように労働党の反対を議会で抑えるかです。以下のような解答が可能でしょう。

チャーチルは，自分の階級を脅かす，ソ連が主張する社会主義を嫌悪しています。しかし，英国でもこの思想の影響が拡大していました。この根本にあるのは，劣悪な生活環境に対する民衆の不満です。社会主義国が提唱する仕事や給与の保証，医療や教育の無償はとても魅力的です。

チャーチルも労働者階級の悲惨な状況を見て，彼らの生活の改善を試みました。戦時中の1941年に，戦後の社会保障の改善に関する委員会を作ります。調査の結果，窮乏，病気，無知，不潔，怠惰が社会問題の根本にある問題とし，これを改善すべきという報告書を42年に出します。委員長の名前からベヴァリッジ報告と呼ばれます。国内をまとめるには，第15章の図表15-2で示した，③労働者階級の生活改善に向けた努力の姿勢を見せることは必須です。

社会福祉を唱えて兵士を鼓舞する

1943年３月11日にチャーチルは，戦後問題に関するラジオ演説をしました。この中で，今後４年間で社会保険政策を導入していくと宣言しました。この時のスピーチに，「ゆりかごから墓場まで（from the cradle to the grave）」という有名な言葉を使います。つまり，全ての国民が生まれてから亡くなるまで，国家が社会保障を担うというものです。短くともわかりやすい，有効なコミュニケーション戦略です。

第18章

危機を迎えたリーダーの役割を学ぼう

　この戦争に勝利すれば，英国の貧しい人も救われると思わせる必要がありました。このように，民主主義は社会主義に比べて優位だという主張を行います。これらの改善案は，前線の兵士たちにも戦う大義名分を与え，士気を効果的に高めました。

　図表15-2をもう一度見てください。チャーチルが図の左側の国内をまとめるには，③の労働者階級など，社会的に恵まれていない人々も取り込む必要があります。また，彼らの生活が向上しないと英国の国力も上がらないとも考えています。

　ファシズムという，民主主義の利益を損なう存在を「敵」として際立たせます。そして，これに対抗する英国全体という構図を作り，戦う意義として将来の保証を約束しました。

　これにより，反対勢力の労働党のリーダーの協力を得ることも可能になります。戦争中は協力して，「敵」に立ち向かい，勝利したら労働者の生活改善を約束するという姿勢です。これで，図表15-2の②国内の社会主義者支持の労働党のリーダーを懐柔することができます。

交渉戦略ポイント⑳

希望を持たせる

・困難な時に明るい未来を描かせ希望を持たせる
・庶民の問題の根本を解決する姿勢を見せることで士気を高める

📱 オックスフォードの失敗から学ぶ

　チャーチルは自身が認めているように多くの失敗を通して学び，後の活動に活かしていきます。「成功する能力は，熱意を失うことなく，失敗を重ねられることである」と述べています。

　彼は，一連の「国王と国家」のディベートの失敗から学んだことも多いようです。これらの教訓を戦時内閣の運営に活かしています。まずは，「自由な討論」をさせていては，自分の思惑通りにことは進まない，ということです。英

国は階級のある不平等な社会です。オックスフォードで招かれたディベートでも，この点を理路整然と突かれると勝てません。弁の立つ社会主義支持者や，民衆の発言や行動を制限する必要があると考えていました。

1940年に総理大臣になると，早速に「防衛規則18Bの修正規則」を制定し，徹底的に言論を封じ込めます。反政府勢力と思われる，英国のファシストのリーダーや社会主義者だけでなく，米国大使館員などの逮捕に踏み切りました。これは，挙国一致体制の構築や，独裁政権を維持するために，どの国でも行われることです。しかし，自由討論を原則とする議会制民主主義発祥の地である英国で実施されたことは，異例の事態と言えます。危機時に行う，強制的に反論を抑えこむコミュニケーション戦略の活用です。

また，戦時政策を実現するには，議会でライバルと争うのは，時間とエネルギーの無駄です。このため，彼は敵をなくす方法を取り入れます。ライバルである労働党のリーダーのアトリーを戦時内閣に入閣させ，副首相に任命します。

ユニオンでは口数の少なかったアトリー

アトリーもオックスフォード大学のユニオンのメンバーでした。もっともディベートにあまり参加せずに，ユニオンの素晴らしい図書館で書籍に囲まれる日々を過ごしていました（p.123のPartⅢの扉の写真）。

アトリーは，チャーチルとは政治的には対立する労働党のリーダーですが，戦時体制の協力者となります。国の危機のリーダーとしてチャーチルの「無私」に賛同し，自分の役割を認識しています。彼は，戦時中にはどの政党も一致団結してナチスと戦うべきだと考えました。このため1940年5月に，反対する議員もいた労働党を率いて，チャーチル内閣に協力します。

▲

ビジネスケース❺ インテル社の2人のリーダーの危機コミュニケーション

2021年の東京オリンピックの開会式でドローンが使われ，大会のエンブレムの市

松模様や，地球儀が夜空に描かれました。1824台のLEDライトをつけたドローンはIntel Shooting Starというシステムで，世界第１位の半導体メーカーのインテルが制作したドローンを使用しています。同社の主要製品はパソコンの頭脳と呼ばれるプロセッサで，世界約６割のシェアを持っています。

　現在は世界最先端の技術を誇るインテルも，これまで様々な危機に直面してきました。同社が世界に先駆け商品化したコンピュータのメモリー事業は，日本の富士通などとの競争に敗れ撤退します。この時は，当時のCEOアンディー・グローブが経営資源をプロセッサに集中されることで危機を乗り越えます。

　同社はペンティアム（Pentium）と名付けた高性能のプロセッサを次々に開発し，圧倒的な技術力でライバル社を引き離してきました。

　1994年インテルはコミュニケーション戦略を誤り，重大な危機を迎えました。この年の11月に米国の大学の数学研究者が，ペンティアムを使うと計算にエラーが出ることを発見しインテルに報告しました。ITビジネスでは新製品にバグと呼ばれるエラーがあり，市場に出た後に修正しながら製品の精度を高めることもよくあります。ところが，この時の初期対応で失敗します。インテルは専門の技術者が応対することなく，ペンティアムには問題はなく，相手のパソコンに欠陥があると言って放置します。この研究者は失望し，ネットで他の研究者に同様に検証を求めます。結局ペンティアムを使い複雑な計算をする際にエラーが出ることが確認され，この情報がネットで拡散します。

　インテルは，慌てて問題があることを認めますが，この時の対応もうまくいきませんでした。高度な計算が必要なユーザーのCPUは交換します。しかし，「エラーの起こる確率は２万７千年に一度起こるかどうかなので，一般の消費者には問題がない」とコメントします。ところが11月22日に米国のCNNがこの問題を取り上げテレビ放送します。ついに，12月にはIBMが，事態はより深刻だとして，このプロセッサを搭載したパソコンの出荷を停止します。

　インテルの技術に自信を持っていたCEOグローブは，この問題は小さく，「エラーは流れ星が落ちる所を見つけて，それに当たりに行くような人の問題」という見解を述べます。このことが一層火に油を注ぎ，マスコミは連日問題を取り上げ，インテルの顧客サポートにクレームが殺到します。結局，インテルは強気の姿勢を一転させ，欠陥のあるペンティアムを全て交換することにします。この経費として４億7,500万ドル計上します。もし初期から，IT業界でよくあるバグとして過ちを認め，顧客のフィードバックを尊重し製品を改善させていれば，これほどの大きな損害を与えるような問題にはならなかったかもしれません。

　このペンティアムの問題は，インテルの日本法人にも大きな影響を与えます。米

国本社からの連絡を受け，日本社は対策の戦略を立てます。対応を迅速に行う必要があるため，顧客を2つのチームに分け，社長と副社長がそれぞれの対策リーダーとなります。

　技術者出身の社長のグループは早速，事態の確認に取り掛かります。プロセッサの緊急検査を最優先プロジェクトとして，まず問題の確認から始めます。最先端技術を誇っている企業なので，顧客にあやふやな情報を伝えるのではなく，問題を明示してから対応策を練ることにしました。一方，副社長のグループは異なるアプローチをします。日本のメディアが取り上げる前に，副社長がすぐに直接，全ての顧客に連絡をします。「米国本社より，御社に納入したペンティアム製品の不具合の可能性があるという報告を受けました。たいへん申し訳ございませんが，この件で御社にご迷惑をおかけすることもあるかと存じます。当方で全ての責任を持ち対応し，最大限の努力で対処させて頂きます。これからメディアなどで，この問題の報道もあるかと思います。この問題に関する情報に関しては直接私どもから正確な情報をお伝えします。」

ディベートトレーニング❼

どちらのコミュニケーション戦略が有効か

　ビジネスケース❺で示したインテル日本法人の2人のリーダーの行動について，どちらが有効だと思われるか考えてください。その上で以下の例の空所に社長か副社長か肩書をいれ，ディベートの動議を設定してください。さらに，最初のディベーターとしてその動議を支持する短い立論文を書いてください。この際，第14章で確認した英文の3文方式を拡大したものを参考にしてください（巻末に解答例あり）。

「インテル・ペンティアム問題に関して日本法人の（　　）の戦略が有効である」

立論文：

📝 まとめ

　情報の統制や，ライバルを味方にして，強硬策を執ることは，そのリーダーの判断が的確であれば，戦時中は効果を発揮します。英国はヨーロッパで最後までナチスドイツに対抗し，米国の参戦を促し勝利に導くことを実現しました。

　また，危機時におけるリーダーのコミュニケーションは，リスナー・センタードを優先させ，情報の受け手が納得し行動を起こす戦略を構築することが重要です。

ユニオンのディベート会場（最も左にある絵が議場を見守るブットー女史の肖像画）☞第9章

第19章

チャーチルの誤算と
ライバルのアトリー

　特定のリーダーの活躍の機会は，時間軸とコンテクストで決まります。国家の危機に対応できないトップは速やかに退出して，有能なリーダーに任せるべきです。英国の偉大なリーダーの交代劇は，このことを証明しているようです。

🗗 戦争で勝利した英雄が，選挙では敗れる

　1945年5月にドイツが降伏し，ヨーロッパの大戦は終わりました。チャーチルは，自由主義国を勝利に導いたリーダーとして国民に熱狂的に迎えられます。

　しかし，同年7月に庶民院選挙が行われ，チャーチルが党首を務める保守党が敗れるという事態がおこります。彼は「国民に裏切られた」と感じました。なぜ，選挙に負けたのでしょう。

　理由の1つに**コミュニケーション戦略の失敗**があります。チャーチルは「ゆりかごから墓石まで」という名演説で，戦後の国民全体の社会福祉を約束します。しかし，保守党議員は富裕層の代表で，チャーチルほどこの実現に熱心ではありません。また，彼は戦争に勝利することに全てのエネルギーを向けます。その他のことは，いずれ時間をかけて取り組むつもりでした。

　保守党も彼も，大戦を終わらせた偉大なリーダーの政党を民衆は支持してくれると考えました。戦後の具体的な社会福祉政策は，選挙のマニュフェストに明確にしていません。名声を過信し，民衆の戦後の望みを実現させるコミュニケーション戦略を取りませんでした。

　しかし一番の誤算は，信頼性と実行力のあるアトリーが戦後のリーダーにふさわしいと考える国民が多かったことです。アトリーがいかにチャーチルに勝ったのか詳しく見てみましょう。

📑 アトリーのコミュニケーション戦略

チャーチルのライバル，アトリーは戦後すぐ，自分の使命と考える労働者階級の人々の生活向上に全力を傾けます。このことをマニュフェストに明記し具体策をわかりやすく伝えます。

彼は，ロンドンの貧しい地域で弁護士の仕事を始めました。その惨状に心を痛め，住民の生活向上のために尽くします。この経験から，政治家として法律を整備し，恵まれない人々の安定した生活を実現するしかないと考えます。派手なパフォーマンスは得意ではありません。しかし，何事も実直に取り組み，粘り強く問題を解決していくリーダーです。その誠実さと，明晰な実務能力で労働党を率いる地位に就きます。

アトリーは，副首相として戦時中の国内の諸問題は引き受け，チャーチルが戦争や外交に専念できるように内閣を支えます。彼が戦時中チャーチルに協力したのは，国家の危機という理由もありますが，戦後の社会福祉の実現を考えていたからです。

優先順位は，目の前の共通の大きな敵を倒すことです。そのためにチャーチルのような危機時のリーダーが英国に必要なのは，よくわかっていました。また，チャーチルも，英国の将来的な国力を考えると，労働者階級の生活の底上げが必要なことは理解しています。彼と協力し，いずれ**「ゆりかごから墓石まで」のプランを実現させる**のがアトリーの大きな目標です。

しかし，保守党の議員たちは，これを戦争に勝つための宣伝とし，実際には，それほど現実視していません。冷静なアトリーは，これを見抜いており，戦争が終わり社会福祉政策を実施できるのは労働党しかないと考えます。

彼は戦後の国内再興と，選挙の勝利のために明確なコミュニケーション戦略を構築します。

「未来を直視しよう（Let Us Face the Future）」というキャンペーンを実行するのです。

これまで国民は，過去の大戦で忍耐を求められました。しかし，戦争を率いたリーダーたちは口約束ばかりで，生活の改善に実際は何もしてくれないと感じています。

アトリーは，マニュフェストにチャーチルが戦争中に約束したことを明記します。仕事の保証，医療や教育の無償化，貧しい層への社会保障を確約します。庶民にとっては，まさに夢のようなコミュニケーション活動です。彼の演説は，それほど扇動力はありません。しかし口先だけでなく実行力のあるアトリーが，丁寧に語ると，現実味があり説得力がありました。

📑 政治的約束は必ず守るアトリーの実行力

1945年の5月にナチスに対する勝利が決まると，戦時体制の挙国一致内閣が解かれ，平時の政治に向かうため庶民院の選挙が行われます。前述のように，すぐ後の7月に総選挙が行われます。事前の世論調査では，チャーチルというリーダーのカリスマ的人気で保守党がかなり優位でした。マスコミも，「労働党には勝ち目がない」という報道をしていました。

ところが結果は，国民の47.7％が労働党に投票します。定員640のうち，393議席を占め単独で政権政党となりました。これは，労働党の歴史で初めてのことです。チャーチルは言葉を失い，アトリーもこれほどの勝利は想定外でした。世界を驚かしたこの結果については，様々な検証が行われましたが，有力なのはアトリーのコミュニケーション戦略の勝利です。

「ナチスドイツへの勝利にはチャーチルに1票を，でも戦争は終わりです。あなたのこれからの未来をよくするための選挙では，労働党に1票を入れよう」

これが，アトリーが多くの人を説得できた戦略です。彼は，口先だけでなく，首相になると実際にマニフェストを1つずつ実現させていきます。1946年に国民保険法を制定し，保険料を基に，年金，疾病，失業，死亡時の保障を受けることができるようになります。さらに1948年には，**無料の医療を提供する「国民医療サービス（NHS）」**が実現します。

このNHSは，ジョンソン首相が新型コロナに罹患した時，「この制度のおかげで命を救われた」と口にし，一躍脚光を浴びました。英国には素晴らしい無料の医療制度があると述べています。

またアトリー政権は，庶民への住宅の提供，夫人と子供の手当て導入，労働者の権利拡張も議会で可決します。さらに中等教育までの無償化も行われます。

チャーチルの描いた「ゆりかごから墓石まで」の設計図を，アトリーが首相を務める6年間で完成させたのです。この**福祉国家の実現**こそが，彼が戦時中から達成したかったことです。彼の在任期間は，ほぼ完全雇用に近い状態が続きます。生活の基盤が安定したことにより国民の消費拡大も起こり，英国の民間の経済成長率は毎年3％近くになります。

グローバル教養❽

・民衆は昨日の国の勝利より，明日のわが身を思う
・チャーチル描いた「ゆりかごから墓石」の設計図をアトリーが実現させた

福祉国家実現の使命を達成し，敗北したアトリー

アトリーの政治は，財政や外交では必ずしもうまく機能しませんでした。戦争による多大な出費による国富の損失，植民地を維持する費用，戦時中の米国への借金返済で，財政は破綻状態でした。これらの負の遺産を改善させるのは容易ではありません。

国内の福祉充実を優先させるため，外交における戦略はあまり機能せず，**植民地の支配も次々にほころんでいきます**。また，社会主義政策を進めるため，企業の国有化を行います。しかし国有企業は経営効率が悪くなり，労働争議も多発し停滞を余儀なくされます。

1951年の庶民院の総選挙では，国の閉そく感を打ち破ることを目指すチャーチルの率いる保守党に敗れます。チャーチルは保守党の代表として6年ぶりに首相に返り咲きます。

チャーチルとアトリーの愛国心

チャーチルの英国に対する忠誠心を示す逸話が残っています。

前述のように，1945年の7月26日の選挙でアトリー率いる労働党が勝利し，保守党の敗北が明らかになりました。この時チャーチルは，戦後処理を話し合うポツダム会談の最中でした。彼は落胆し，帰国の途につき内閣総辞職を行います。

　この頃，労働党の内部でアトリーを引きずり降ろそうとする動きがありました。しかしチャーチルは，国のために戦時中5年も異なる政党を支えたアトリーを信頼していました。チャーチルの推挙により，アトリーは首相に就任します。8月まで続くポツダム会談は，英国代表をアトリーに引き継ぎ，後の重要な交渉を頼みます。**彼に英国の運命を託したのです。**

　1950年と51年の総選挙で，この2人は各党の党首として争います。このように政敵でしたが，共に英国のために戦う同士であることは変わりませんでした。チャーチルは英国をナチスから守ることで愛国心を示します。一方アトリーは，下層の人々の生活を改善することで，国力を盛り上げました。手法は異なりますが，2人とも英国のために尽くした政治家です。

　チャーチルは遺言で，死後の葬儀においてアトリーに棺を担いでもらうことを希望します。アトリーは，「とても名誉なこと」として快く引き受けました。しっかりとチャーチルの棺を支えて歩くアトリーの映像が残っています。

英国の植民地政策

　第13章の「チャーチルの課題その3」を見てください。植民地の自治独立をどのように抑えるかです。前に述べたように，彼の使命は世界に広がる植民地支配による大英帝国の地位を守ることです。しかし，このシステムはやがて破綻をする運命です。支配されている地域の住民は，いずれ自分たちの利益に見合った国家の建設を目指すからです。

　問題は，破綻をどれだけ遅らせるか，もしくは**英国の利益に見合う形で関係を保つか**です。解決方法はコモンウェルスという形で英国連邦を存続させることです。これに属する国ごとへの政策は，支配した時間軸やコンテクストで様々な違いがあります。このため，わかりやすくするために，代表的な単純モデルを考え，いかに英国連邦を実現したのか見ていきます。

英国の交渉はうまくいくのか

　英国の植民地政策が，他国に比べてうまく機能したのにはいくつかの理由があります。まずは，戦争で負けなかったので，他国から領有権を奪われることはありません。さらにポイントとしては，**分断支配と，引き延ばし戦略**という交渉力を発揮します。

　分断支配はローマ時代の分割統治いらい活用される戦略です。支配される人々を階級で分断し，それぞれに与える特権を区別します。上層階級は，自分の得た特権を独占しようとするので，同じ民族であっても自分たちの下の層とは協力しません。次の層も同様に，自分より下の階級とは協力しません。共同すれば，自分のメリットを失うからです。このように層を細分化すれば，支配地域の勢力は分断され，団結して対抗する可能性も低くなります。

　英国人の優れた交渉力の1つに人を使うのがうまい点があります。**各国の上層階級には，特権を与えて，英語で交渉し**，彼らに現地の人々を支配させるのです。

　特権の1つに，どの人種も英国の領土内を自由に移動できることを認めています。他国ではあまり例を見ない植民地政策です。しかし，実質的に移動できるのは，財力のある現地の富裕層です。多くのインド商人がアフリカなどに渡り，ビジネスで成功したりしています。

　このような特権層は，英国の武力を頼りにでき，国内での地位も守られ，利益を享受できます。さらにこの層は，進んだ英国式教育を各国で受けられます。特に帝国の領土を移動できる富裕層の子弟は，オックスフォードなど英国の大学で学ぶことも可能でした。彼らは，後に帰国しリーダーとなっていきます。成功の条件は英語が使えることです。

　植民地の国によって文化やコンテクストは異なりますが，特権階級を使えば，国ごとの違いは考えなくてすみます。彼らとのみ，互いの利益のために交渉すればいいのです。しかも，この交渉の言葉は英語です。最も得意な言語によるコントロールは容易です。

　この分断戦略は，企業や団体の組織を機能させるうえでも基本です。人間は，層を上がろうとする心理は強く働きますが，逆はほとんどありません。上に行

くほど利権が大きくなれば，トップへの求心力は強まります。「上ばかりを向いて仕事をする」と，批判されることもありますが，組織の理論ではごく普通のことです。

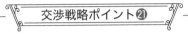

交渉戦略ポイント㉑

分断戦略を活用

・各国の有力者をうまく活用し交渉する
・分断戦略で現地の勢力を分散させる
・交渉は現地の特権階級と英語で行う

チャーチルのインド政策

チャーチルは，植民地政策の要であるインドを何とか死守しようとします。しかし，ガンジーやネールなど英国で学んだリーダーたちの強い抵抗に遭います。図表15-2の⑤に当たる人物です。チャーチルは，彼らに譲歩はせず抑え込むという戦略です。しかし，ガンジーなどは非暴力・不服従の運動を展開します。相手が暴力に訴えないと，武力で抑え込む口実がなくなります。

英国政府は，第1次世界大戦時にインドのリーダーたちと交渉を行いました。戦争が終わるとインドの独立を前向きに取り組むと約束します。これを信じたガンジーは，インド人の志願兵を募り，英国に協力します。しかし大戦後，英国は引き延ばして独立を認めず時間を稼ぎます。

第2次世界大戦が始まると，再び英国は連邦内自治領を約束しインドに協力を求めます。前回で懲りたガンジーは，英国を当てにせず，自分たちの手で独立を勝ち取ろうとします。英国の提案を拒絶し，「インドをあきらめろ」という，不服従の運動を始めます。

チャーチルは発言を奪う，つまり投獄することで口封じを試みます。ガンジーは危険分子と見なされ2年間投獄されます。戦時中に国内の反体制勢力を抑えたのと同じ「力で黙らせる」戦略です。また，第2次世界大戦中にベンガルで大飢饉が起こり，大勢のインド人が飢えに苦しみました。宗主国である英国に助けを求めますが，これをチャーチルは受け入れませんでした。結局300

万人が犠牲になったと言われています。

　このようにチャーチルは，インドをあくまで英国の繁栄のために活用する植民地と見なし，図表15-2の⑤のインドのリーダーたちを抑圧する戦略を取ります。

☑ 植民地支配に根差した制度は矛盾を抱えている

　さて，植民地支配をどのように持続すればよいのでしょう。前にも述べましたが，これは英国の大きな矛盾です。植民地支配で潤うのは，主に王族や富裕層が中心です。様々な資源の獲得や，イギリス製品の市場としての大英帝国の繁栄を支える役割を担っていました。しかし，遠く離れた国々を力で支配するには，膨大な軍事力を必要とします。これを賄うために国家予算の多くが使われるため，国内の庶民の生活向上に向けた投資は制限されます。

　この根本の矛盾を変えるのがアトリー政権の使命だったと考えられます。庶民が正当な権利として，対価に見合うものを手に入れることが可能になります。ようやく現代の民主主義の基礎ができたと言えるかもしれません。

☑ リーダーの植民地政策の違い

　2人のリーダーの最大の相違は，植民地をめぐる対処です。アトリーは，早い時期からインドの独立運動に同情的でした。彼は，カナダやオーストラリアのように英国連邦としての独立を認めようとしました。しかし，これはチャーチルたち植民地維持派の強硬な反対に遭います。

　アトリーは首相就任後すぐの1947年に，インドやパキスタンの独立を認めます。これは，戦後の財政危機における現実的な選択でした。これ以上独立運動を阻止するための軍事費などを出す余裕はありません。むしろ**良好な関係を保ち，緩いつながりを維持する方が賢明**と考えました。この決定に「インドの植民地支配を絶対に手放すな」とチャーチルは激怒します。

　チャーチルは1951年に労働党を破り，首相に返り咲きますが，時すでに遅しで時計の針を逆には戻せません。いずれ崩壊する運命の植民地政策にとどめを

刺したのはアトリー政権だと言えます。チャーチルの掲げた帝国主義維持の戦略は，結局は機能しなかったのです。

ビジネスケース❻　永遠のライバル？　コカ・コーラとペプシ

・新しいタイプのCEOクインシー

　2019年5月ザ・コカ・コーラ・カンパニー（CCC）のCEOクインシーがユニオンのゲストスピーカーとして登壇しました。英国人でバーミンガム育ちのクインシーはヨーロッパの清涼飲料水でCCCの売上をトップにした実績を持っています。私は永年CCCを研究対象としていますが，これまでトップと直接面談したことがなく，今回は絶好の質問の機会です。前任のケントはカリスマ的リーダーで，"2020 Vison"と命名した，2009年からビジネス規模を倍増するという強いコミュニケーション戦略を打ち出しました。彼に続くクインシーはCCCのリーダーとしてどのような戦略を持っているのか質問してみました。

　「ケントの時代とは異なり，世界共通のメッセージは送らない。むしろ各国ローカルの多様性をより推進することを優先する」これが彼の回答です。本部の強いリーダーシップより，組織のフラット化と権限委譲をより推進するというのです。クインシーは元々コンサルタントとしてCCCに迎えられました。このためコーラ製品の思い入れや忠誠心より，いかにビジネスを展開して利益を上げるかに長けています。

・CCCの企業理念とリーダーシップ

　これまでCCCにはカリスマ的な優れたコミュニケーション戦略のリーダーを多く輩出しています。代表は1923年から同社を率いてマーケティングの神様と呼ばれたウッドロフです。ニックネームはBossです。彼は，1928年からオリンピックの公式スポンサーによるパブリシティ戦略を始めます。また，サンタクロースの服の色を元の緑から赤に変えコーラのアイコンにし，クリスマスをCCCのキャンペーンにしてしまいました。中でも，ウッドロフの最大の貢献は，コカ・コーラの価値を確立したことにあります。それまでの飲料のビジネスは売り手が，自己都合で値段や分量，成分の配合を適当に決めていました。ウッドロフは，値段を「1瓶6オンスを50セント」とし，成分の配合も統一します。世界どこに行っても消費者が同じ価値を共有できるように設定し，飲料ビジネスに信頼感をもたらします。ウッドロフのコーラへの強い思い入れは，他のビジネスへの無関心となり，結果的に永遠のラ

イバルを誕生させてしまいます。

　実は，CCCのライバルであるペプシの経営は1922年，1931年と破綻状況に陥りました。そのたびにCCCへの身売りを模索しますが失敗します。この事業をガズという人物が引き継ぎますが，またも経営に行き詰まり，1933年にペプシとしては，3度目になるCCCへの売却を試みます。ウッドロフは，コカ・コーラこそが全てで，類似品のビジネスを援助する気持ちはなく，再び断ります。この結果，やけになったガズは思い切った価格戦略に踏み切ります。ビール瓶を使い，倍の12オンスで値段は同じ5セントとし，コカ・コーラの価値を壊す試みをします。この戦略は消費者の支持を得て，ペプシに乗り換える消費者が増加します。同じ値段で量が倍あれば，多少の味の差は気にならないからです。これは飲料ビジネスが**商品の差別化が難しい**，という欠点を突いたものです。CCCの市場シェア40%に対し，潰れかけたペプシは14%までシェアを伸ばします。

　ウッドロフの他の貢献は，企業理念を明確にし，これに基づいたコミュニケーションの実施です。「世界をリフレッシュし，楽観主義や幸福をもたらす瞬間を作り出し，価値を創造し変化をもたらすこと」という方針に沿った，マーケティングコンセプトを確立し成功を収めていきます。ところが，「楽観主義や幸福」は後々まで，CCCのビジネスを縛ります。以後，アルコール飲料の販売は，つい最近まで禁じ手となったのです。商品の単価が高いほど利潤を上乗せできます。また，お酒1瓶でもコーラ1本でも物流にかかるコストはそれほど変わりません。なぜCCCは儲かる酒類の販売をしなかったのでしょう。

　日本ではアルコールのビジネスに関してそれほど悪いイメージはありません。一方，海外では，アルコール依存症の問題だけでなく，交通事故，犯罪などの関連など，ネガティブな印象が根強くあります。人に幸せを届ける企業が，深刻な社会問題の原因となる製品の販売をするべきでない。これがウッドロフの構築した理念です。

　ウッドロフの価値の構築やアルコールを販売しない戦略は，CCCを世界最高峰のマーケティング力を持つ会社にします。単価の安い，差別化の難しい製品で，グローバルで売上を拡大するには，**いかに付加価値があるように見せるか**が最大のポイントになるからです。製品が単純であるほど，マーケターの才能が最大限活かされる，醍醐味のあるタスクかもしれません。これまで東南アジアのCCCの拠点のキーパーソンを取材してきましたが，P&Gなどマーケティングで有名な会社から移動してきた人々が少なくありません。最後はコーラで勝負してみたい，と思わせるのかもしれません。

・コカ・コーラの檸檬堂

　2018年に缶入りチューハイの檸檬堂が日本コカ・コーラから九州限定で発売されました。その後，2019年に全国発売が開始され，2020年には790万ケースを売り上げる大ヒットになりました。背景には，2003年にキリンが缶チューハイ「本搾り」というヒット商品を出しており，若者も含めたこの市場が構築されていました。ここに，新たに味にこだわった製品開発や，マーケティング力を活かして成功に結び付けたと言えます。

　日本では，コカ・コーラが酒類を販売することに特に違和感を持つ人は少ないでしょう。しかし先に述べたように，これまでのCCCのビジネスモデルからすると，「楽観主義や幸福」を追求する理念とは異なる選択です。

　日本でコカ・コーラのライバル製品ペプシを販売している会社をご存知ですか。そう，缶入りコーヒーで有名なサントリーフーズです。この企業も優れたマーケティング力と商品開発力があり，ウーロン茶や伊右衛門などの飲料を成功させています。現在，この会社の自動販売機はペプシの色である青です。まるでペプシとコカ・コーラの代理戦争が繰り広げられているようです。

　缶入りコーヒーで発売以来トップシェアを持っていたコカ・コーラのジョージアに，対抗している製品名はBossですが，これは皮肉にも前述のCCCウッドロフの愛称です。サントリーやキリンという清涼飲料水の販売で実績を持つ企業グループは，いずれも酒類の販売が中心です。利益率の高いアルコール製品の売上に基づく豊富な資金力で，CCCと日本市場で熾烈な競争をしています。厳しい戦いの中で日本コカ・コーラが唯一参入しなかったのはアルコールです。ライバルに一撃を与えるには最適な市場ですが，本社の理念が足かせでした。

　同社にとって，幸運だったのはCCCのトップがクインシーになっていたことでしょう。彼は，前述のように本社による強いコントロールより，ローカルの最適化をより優先しています。CCCの大物CEOのウッドロフやケントであれば，既存理念に抵触するチャレンジを許可しなかったかもしれません。

ディベートトレーニング❽

地球のどこでも50セント

　第2次世界大戦中にウッドロフは米国政府と交渉し，どこの戦場にも米国と同じ1本50セントでコカ・コーラを兵士に届ける契約を結びます。戦場は道路が整備されてなく，ジャングルや砂漠の真ん中など，製品を届けるのが困難な場所も多くあります。工場や物流網がない場所での販売は，多大な労力と費用がかかります。また楽しみの少ない兵士は，もっとお金を払っても喜んでコーラを飲むはずです。なぜ，ウッドロフは50セントにしたのでしょうか。以下の動議を立論してください。（巻末に解答例あり）

「ウッドロフは1本50セントで全ての戦場にコカ・コーラを届けるべきだ」

📝 まとめ

　「ゆりかごから墓石まで」と呼ばれる戦後の最も進歩した福祉国家はチャーチルとアトリーの2人のライバルによって実現されます。また英国の2つの矛盾である階級問題と，植民地政策も，同じくこの2人によって変化が起こりました。

　ビジネスにおけるライバルの存在は，その後の成長や戦略に大きな意味を持ちます。赤と青のビジネス戦争で有名なコカ・コーラとペプシは，互いにしのぎを削って，世界規模で独自の商品開発やマーケティングを展開し成長を続けています。苦し紛れのような，日本の缶チューハイによるアルコールビジネスの成功が，今後のCCCのグローバル戦略を変えていくかもしれません。

チャーチルが描いた
英国のメタ国際戦略とは

チャーチルは，早い時期から英国の将来の大きな枠組みのメタ戦略を描きます。現在のEU，コモンウェルス，そして米国という３つの勢力とのバランスです。これを把握すれば，今回のEU離脱もわかりやすくなります。この観点からチャーチルの課題４の解答例も見ていきます。

西側と東側には鉄のカーテンがある

先に述べたように，チャーチルは，支配階級の存在を危うくする社会主義的な思想の広がりを嫌悪します。特に，その中心であるソ連の勢力拡大を阻止すべきと考え，戦後の戦略を打ち立てます。1943年３月，国民に向けた演説で，西側ヨーロッパ諸国をまとめる考えを示します。膨張する東欧の社会主義国家に対抗するため，西側の民主主義国家の団結を訴えます。

さらに，1946年３月５日に，米国ミズリー州で，欧州は東西に分断されているという，有名な**「鉄のカーテン」の演説**を行います。これは，西の欧州の自由主義国家と，東の社会主義国家の間には，両者を隔てる鉄のように重いカーテンがあることを意味します。今後は，様々な軋轢や紛争が価値観の相容れない両陣営で起こる可能性をわかりやすい言葉で説明します。

予言通りに，その後は西側と東側で冷戦と呼ばれる，軍備拡張を伴う一触即発の緊張関係が続きます。米国は，これに呼応するように，社会主義国家の「封じ込め」作戦を展開します。

チャーチルの西側諸国の共同体構想は，1948年３月に西欧同盟（Western European Union）設立として実現されます。これが発展し，1949年に「欧州評議会（Council of Europe）」となり，欧州統合に取り組む国際機関となりま

す。また，軍事的にソ連に対抗するため米国を迎え「北大西洋条約機構NATO」も結成へと向かいます。これら一連の結果は，彼の戦後の反社会主義体制作りの明確なビジョンと，効果的なコミュニケーション戦略の成果と考えられます。

　チャーチルが描いた第2次世界大戦後のメタ戦略を図表20-1にまとめました。これは，ほぼ現在の英国の戦略と一致します。メタ戦略とは，国家が進むべき大枠の概念で，ある程度普遍性があるものです。英国の場合は，大きく分けると旧植民地，米国，EUの3つのグループとの関係をいかに対処していくかです。この3つの輪を明確にし，後世のリーダーがどのように柔軟に対応していくかを明示したのは，チャーチルの優れたコミュニケーション戦略だと言えます。

図表20-1　**チャーチルのメタ戦略とその後の英国**

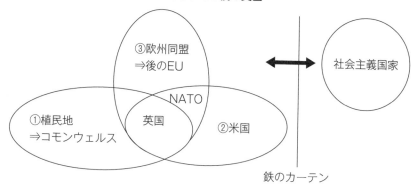

③欧州同盟
⇒後のEU

社会主義国家

NATO

①植民地
⇒コモンウェルス

英国

②米国

鉄のカーテン

3つのグループと微妙な関係とバランスを保つ英国

　当然ながら，図表20-1の真ん中でコントロールするのは英国です。3つの大きな輪があり，これらのバランスをいかにとるかが課題になります。①直接支配する植民地と戦後の超大国の②米国との関係，そして社会主義勢力に対抗するための③西ヨーロッパ諸国との連携です。

　まず①は，50以上ある植民地の長としての立場です。しかし，これは2回の

大戦で財政的に維持は困難となっていきます。世界中に散らばる地域を，もはや疲弊した軍事力で制御し続けるのは無理です。後は，いかに時間を稼ぎ，少しでも解体のスピードを緩めるかの問題です。その際に，独立した国にも関係を維持し，英国中心の連合体に参加してもらうことが重要です。このために少しずつ，各国のコンテクストに合わせて交渉を続けていきます。

次に②米国との関係です。元々は英国の植民地でしたが1776年の独立戦争で離れていきました。その後は大国となり，国力も軍事力も他国を圧倒するようになります。しかし，モンロー主義とよばれる，「ヨーロッパの問題には干渉しない」という姿勢を保ちます。その代わりアメリカ大陸にも干渉させないという方針で，この地域での主導権を握る目的もありました。

このため，当初米国は英国の支援より，中南米にある英国領の植民地支配を弱めて行こうとします。ここでチャーチルの①植民地政策と軋轢が生じます。しかし，ナチスに勝つには，米国の財力や軍事力が必須です。彼は米国出身の母のことも演説で述べ，戦争への協力を要請します。武器や財政的援助を受ける代わりに，アメリカ大陸にある英国の基地の使用を認めます。

チャーチルの戦略は，アングロ・サクソン主義ともよばれ，「同じ英語を話す民（the English-Speaking People）」として，米国と特別な関係を維持発展させることです。これにより，脆弱化する大英帝国の世界における地位を補強することを目指します。また，米国の力でソ連などの社会主義国家と対抗が可能です。これが前述のNATO結成の成立要件となります。

🔗 西ヨーロッパ諸国との連携の輪

チャーチルの3つ目の輪の戦略は，欧州評議会設立になり，やがてEUへと発展します。英国は2020年にEUを脱退しましたが，この3つの輪を見ると理由の一部がわかりやすくなります。

距離的にみて③EUとは経済的に結びつきが強くなります。しかし，この輪の中に完全に入ると，**重要な案件はEUの決定に従う**しかありません。またEU加盟国は，それ以外の国と貿易の条件などを統一しなければなりません。こうなると，旧植民のコモンウェルスとの独自の関係はかなり弱まります。また，

アングロ・サクソン主義に基づく関係も，EUの活動義務が強くなれば，米国との強い結びつきの維持や，直接の交渉が自由に行えなくなります。

　冷戦期の対ソ連に対する西側諸国で主要な役割を果たしていた英国ですが，3つの輪のバランスも考え，当初は欧州の経済共同体には加入しませんでした。

　やがて，ユニオンで活躍した英国首相マクミランは，①の大英帝国主義を放棄し，アフリカ諸国の自治独立を促します。これをもとに，③の欧州共同体に加盟しようとしますが，1963年フランスに拒絶されます。米国との関係の強い英国の加盟は，脅威と見なされたのです。

　結局，正式のEUの加盟は1973年まで持ち越されます。この時に活躍したのがユニオンのプレジデントを務めたヒース首相です。彼はユニオンでのチャーチルの演説を聞いて以来，保守党のリーダーとして，欧州と英国の関係構築の政策を引き継ぎます。☞第17章

　しかし，EUとの関係の永続性に対して，労働党からの反対があり，1975年の国民投票となります。前述のように，この残留是非を問うユニオンのディベートが結果に影響を与えました。

交渉戦略ポイント㉒

メタ戦略を立てる

・国際交渉にはメタ戦略をたて時間軸やコンテクストで対応する

ビジネスケース❼　ラオス・コカ・コーラの国際戦略とゲリラマーケティング

　オックスフォード大学でPPE（☞第5章）を専攻したグリフィンは，飲料ビジネスに携わってきました。彼は常に，新規の市場でクリティカル思考を行い，地域最適の戦略を構築します。中東で大きな成果を上げ，ペプシが圧倒的なシェアを持つ国に乗り込み，市場を開拓する役目となります。大きな敵にグリラ戦略を駆使して挑戦するのが得意です。1998年に大財閥と手を組むペプシが市場を占有するタイに行き，コカ・コーラ・ボトラーズの重役となります。消費者製品のグローバルビジ

ネスでは，市場に早く参入し，現地の最有力の流通網を押さえることが重要です。出遅れたコカ・コーラは，グリフィンの努力で2004年に17％までシェアを伸ばしますが，まだペプシのシェアは73％もありました。ここからさらなる徹底したローカル重視の戦略を実行し，コカ・コーラは急拡大を遂げます。2012年にはCCCが市場の54％を占めトップとなり，この逆転劇は，「タイの奇跡」と言われます。

　グリフィンは次の開拓地としてラオスのコカ・コーラ・ボトラーズの代表になります。第2次世界大戦中にウッドロフが実行した「すべての戦場で1本50セント」戦略が成功をおさめ，戦後CCCは米国の代表企業として各地で成功をおさめます。これに対してペプシは，逆の戦略を取ります。社会主義や独裁政権で，米国的資本主義を受け入れない国を重視して世界戦略を展開します。アジアでも，ミャンマー，ラオスなどの社会主義国は，米国色の強すぎるコカ・コーラの販売を禁止します。ペプシは，このような国の有力者と協力して清涼料飲料水の販売を開始し，コーラなどの販売を独占していました。

　2013年グリフィンがラオスに到着した時は，コカ・コーラのシェアは，ほぼゼロでした。2020年のラオスの1人当たり名目GDPは2,625ドルで，世界213か国中の155位で消費者の購買力がとても低い国です。現地のJETROの報告では，人々はのんびりしていて，勤労意欲は低く離職率も高い状態です。私が調査した現地の日系の資生堂や双日でも**人的資源の確保や育成が課題**でした。企業が進出するメリットは，豊富な川の水量を利用した水力発電量は大きく，値段も安く，周辺国にも輸出しています。また平均年齢が23と若く，将来の発展が期待できます。

　グリフィンはじっくり時間をかけクリティカル思考で現状の分析と課題を洗い出します。自ら小売店の店舗に出向き，**店の裏で空き瓶のチェック**もしました。これを定期的に行えば，日々の売上や売れ筋の製品がわかります。タイでも実施したことですが，この地道な努力でコンサルタントに頼らなくても的確な市場調査ができます。

　大きな問題としてコカ・コーラの味の不慣れ，ブランド力の低さ，流通網の未整備が明らかになります。グリフィンの立てた戦略は，タイと同様の徹底した現地化のゲリラマーケティングと，メタ国際戦略による生産物流の拠点づくりでした。

　まず首都ビエンチャンから，小売店の店頭を赤色にそめる作戦をとります。赤色のパラソルやベンチだけでなく，最新の冷蔵庫を各店舗に置いてもらいます。社員に店を頻繁に訪問させ，陳列や掃除の手伝いをしてコカ・コーラを一番目立つところに並べてもらいます。数か月後には，常にピカピカできれいな赤色の冷蔵庫は店の入り口にあり，くすんだ青色の冷蔵庫と対照的となります。

　ペプシの主力製品は，他の国と同じ10オンスのレギュラー瓶で，値段は3,000キー

プ（40円弱）でした。また世界共通サイズの500mlペットボトルを5,000キープ（60円強）で販売していました。グリフィンは，他国ではない6.5オンス瓶をラオスで製造し2,000キープで販売します。実は，この値段はラオスの人が小遣いとして日々使えるぎりぎりの値段です。とても小さな瓶ですが，現地の消費者にとっては毎日コーラを飲める価格です。これまでコーラに手が届かなかった所得層にも拡大します。同様に，ペプシの1.5倍大きい15オンスの瓶を，ペプシと同じ3,000キープで販売します。またペプシより少し小さな450mlペットボトルを4,000キープと割安で販売します。これらは，米国でペプシのガズがCCCのウッドロフに仕掛けた**サイズと価格戦略の逆ばり**です。グリフィンはこの戦略を，両社の過去の戦いの歴史から学んでいました。シェア1位のペプシは，既存のサイズで製品を大量生産しており，工場のラインも製品を運ぶパレットもこれを基準としています。このためライバルのゲリラ的なサイズへの対抗は，標準化した製造過程にとって無駄となります。ペプシは対策がとれず，じわじわと市場シャアを落とします。

　CCCの一番の課題は，生産工場を持たず，タイからの製品輸入に依存していた点です。ラオスの市場自体は小さく，現状のまま経済発展を待っていては，新工場建設などは過剰投資です。ここでグリフィンは，メタ国際戦略を決断します。2015年に，ビエンチャンの北27キロに新工場を開設しました。タイのCCCのボトラー社に70％出資してもらい合弁事業を立ち上げました。

　この工場には，大型製造ラインが3本あります。ラオスの市場規模であれば一本の製造ラインで足ります。残りの2本は，タイの北部向けの製造ラインだったのです。ラオスの豊富な水，低い電力や労務費を活用し，税制優遇のメリットを利用し**ASEAN戦略の一環**として活用する戦略です。グリフィンは地元との共生を重視します。道路などインフラ整備するだけでなく，大きな雇用をもたらしました。CCCは世界で莫大な水を消費・排水しており，地域によってはこれが社会問題になっています。ラオスの工場は，この水問題を最初から住民と話し合い解決しています。豊かな水資源ですが，使用した水はできる限り再利用しています。また，私も見せてもらったのですが，川に排水する直前の水溜には魚を飼っており，地元の方がいつでも水質を確認できます。

　グリフィンのクリティカル思考で構築した現地化のゲリラマーケティングとメタ国際戦略は着実に成果を上げます。彼が赴任した2013年には，ほぼゼロのCCCのシャアは，わずか4年後の2017年には21％まで拡大しました。

　彼の成功の秘訣は，**問題解決能力の高さと現地住民との交渉力**です。前に述べたように日系企業を含め，ラオスは人的資源の確保と育成が困難です。ラオスのCCCを観察していると，この問題はあまり見えてきません。これは，英国人グリフィン

の人の使い方のうまさによるものだと思われます。

　消費品のビジネスは，いかに店頭で消費者が商品を手に取るかが勝負です。特に発展途上国ではこれが顕著で，どんなに素晴らしい広告をしても，小売店の目立つ所に並んでいなければ売上は伸びません。後発のCCCの成功は，地道な店頭を赤色にする日々の努力によるものです。このような細かい作業は，言葉や文化を共有する現地のスタッフしかできません。グリフィンは，欧米で学び帰国したラオス人の**優秀な若者を積極的に活用し権限を委譲**します。成功体験を重ねさせ，厚遇でインセンティブを与え，彼らに地元の人々を動かしてもらうのです。グリフィンの役割は，英国式の**現地のトップと英語でいかに交渉し成果を上げる**かなのです。

📝 まとめ

　英国にとって，チャーチルの戦略の3つの輪のバランスをいかに保つかは永遠の課題です。様々な矛盾を抱えているので，誰かが明確な答えを持っているわけではなく，時間軸とコンテクストの中で，当事者となったリーダーが柔軟に対応していくしかありません。

　大学でクリティカル思考と問題解決方法をしっかりと学べば，ビジネス分野でも応用が利きます。コカ・コーラのグリフィンの例は，彼がオックスフォードのPPEで学んだ，リーダーのためのコミュニケーション戦略の重要さを示しています。

ジョンソン首相は
時代の申し子なのか

　近年の英国の政治家で庶民に「最も人気のある」政治家は誰だと思いますか。「ボリス」と言う人も少なくありません。普通の政治家は，キャメロン，メイと名字で呼ばれます。首相のジョンソンだけ，ボリスと下の名前で呼ばれます。彼は，民衆の心をつかむ天才なのでしょうか。それでは，ユニオンのプレジデントの経験がジョンソン首相に与えた影響を見ていきましょう。

過去に失言や失敗の多い政治家ジョンソン

　ジョンソンは，これまでスキャンダルも多く，必ずしも模範的な政治家ではないかもしれません。しかし，彼の言うことを信じたくなり，投票したくなる人が多いのも事実です。

　支持率の高い労働党ブレア首相の政権時に，野党の保守党は，対抗手段としてジョンソンの人気にあやかろうと，彼を重要ポストに付けます。ところが，2004年に過去の不倫が報道されます。ジョンソンは，これを正式に否定します。しかし後日，動かぬ証拠が提出され，結局解任されてしまいます。このようなことがあっても，2019年にはEUの離脱で失敗したメイ首相の後継者として首相に就任します。ちなみに，メイやジョンソンと首相の座を争い，2回とも敗れた保守党議員のコーヴもユニオンのプレジデント経験者です。

ジョンソンのルーツ

　ジョンソンの家系は英国王の末裔です。また祖先はトルコの政治エリートです。ジョンソン自身は米国生まれで，米国国籍も保持していました。彼の幼少

の夢は，「世界の王様」になることでした。ロールモデルはチャーチルで，前に述べたように，彼に関する著書も出版しています。ジョンソンの戦略立案や演説は**チャーチルを参考**にしています。

彼の父は，英国の代表として欧州議会に参加する欧州議員も務めています。この父の仕事の関係などで15年間に30回も引っ越しました。度重なる移動で新たな場所に適応するため，柔軟に環境と人に溶け込む術を学びます。「柔軟さ」がジョンソンを表すキーワードです。

奨学金を得て名門のイートン校に入ると，人を束ねるリーダーとしての才能を発揮します。演劇にものめりこみ，人を笑わせる術も身に付けました。ラグビーでも活躍しますが，鼻の骨を4回も折ってしまいます。人生は競争で，それに勝つことが目的と考えています。

ユニオンで身に付けたポピュラリズム

オックスフォードでは古典を専攻しますが，将来政治家として成功するために主にユニオンで活動をします。ジョンソンの父もオックスフォードで学び，ユニオンのプレジデントに立候補しています。残念ながら，父の夢は叶わず，息子のジョンソンが，志を継ぐことになります。

ジョンソンは，文才があり優れたスピーチ原稿を書きました。演劇で鍛えたパフォーマンスも手伝い，ディベートで頭角を現します。オックスフォード保守党でも活躍し，1984年にユニオンの秘書に選ばれ，次にプレジデントに立候補します。カリスマ的な魅力と，揺るぎない自信に，多くの学生が彼の選挙活動の勝利を予測しました。☞第7章

ジョンソン家親子二代の挫折

自信満々のジョンソンでしたが，大方の予想に反して選挙に負けます。ユニオンのメンバーの中には自由主義者も多く，ジョンソンの**保守的なエリート像に反感**を持つ学生もいました。彼のライバル候補は，公立のグラマースクール出身で，この反感を持つ層を巧みにまとめ選挙に勝ったのです。ジョンソンの

エリートとしてのプライドは傷つき，大きな挫折を味わいます。

　ジョンソンは，ユニオンの伝統に沿い謙虚に出直しを図り，自分の弱点を見直します（☞第8章）。彼は次の選挙で大幅に戦略を変えました。友人も驚いたことに，左派の革新的な社会民主党の代表としてプレジデントに立候補します。しかも，環境問題に取り組む緑の党の代表にもなります。そして，各カレッジに赴き，メンバーの一人ひとりの部屋を訪ね，自己紹介をして投票してくれるように頼みます。この際，訪問相手が社会民主党を支持していれば，その代表として，また緑の党であれば，その代表としてふるまいます。どちらでもない時は，保守の候補者として説得にかかります。この柔軟作戦は功を奏し，1986年念願のプレジデントになります。

　一見矛盾に満ちたこの行動も，ジョンソンにとっては，選挙に勝つ手段としての戦略でした。しかも，説得を受け投票した学生は後悔しなかったようです。

　当時の親友の証言によると，「ボリスは，**人によって相手が望むような姿を演じる**ことができる」人物だそうです。また，ウィットがあり，ユーモアのセンスを持ち，人を喜ばすことが得意でした。妹のレイチェルも同時代に，ユニオンで活躍します。彼女によると，兄の人気取りの秘訣は，人が考えている常識を壊して注目を集めることだそうです。

　このような，ユニオンでの選挙活動の挫折と復活を通じて，民衆の心をつかむため常識にチャレンジし，柔軟に立ち位置を変えられる，政治家の素地ができたと言えます。

📑 チャーチルと同じジャーナリストに

　大学卒業後，しばらくしてジャーナリストの道を選びます。これは，彼の目標とするチャーチルと同じ道です。保守系の新聞タイム誌の記者になりますが，ある記事の捏造で解雇されます。次に**ユニオンのプレジデント時代に作った人脈**でデイリー・テレグラフ紙に雇われます。得意のフランス語を活かして1989年から5年の間，欧州共同体ECの特派員になります。

　本部のあるブリュッセルに在中し，欧州共同体に関する多くの批判的な記事を書き続けます。この背景には，チャーチルが目指した英国第一主義の影響が

あります。図表20‐1に示したチャーチルの構築した示したメタ戦略のうち，EUとの関係は維持しながらも，その中に飲み込まれるのではなく，英国として自立し，他の関係国とのバランスを取っていく戦略です。

　彼が書く欧州共同体からの自立を促す記事は人気があり，次第に保守派の政治家たちにも影響を与えます。そして欧州共同体から離脱を求める，英国独立党の設立の思想的な後ろ盾となります。

☑ ライバルとしての首相キャメロン

　2016年，キャメロンは欧州離脱の投票結果の責任を取り首相を辞任します。ジョンソンとキャメロンは，共にイートン校で学び，オックスフォードに進学します。キャメロンはPPE（☞第5章）の専攻で第1級の成績です。一方，ジョンソンの専攻は古典で成績は第2級です。2人は，2001年保守党の庶民議員として共に当選し，将来の党のリーダーとして嘱望されます。

　キャメロンは2005年に最年少の39歳で保守党代表となり，一躍脚光を浴びます。一方ジョンソンは，不倫のスキャンダルで党の要職を解任されてから党内でくすぶっていました。キャメロンは，ジョンソンに2008年のロンドン市長に出馬することを勧めます。実は保守党の候補者選びはぎりぎりまで難航し，最後にキャメロンが友人として頼んだと言われています。これは，労働党が強いロンドンで，ジョンソンの人気をうまく活用し，保守党の勢力挽回を目指したものです。また，党内で活躍の場の少ないジョンソンに，新たなチャンスを与える絶好の機会だと思われました。

　一方で，キャメロンが党内の強力なライバルを国政から遠ざける戦略という報道もありました。当時のロンドンは，リヴィングストンという，様々な改革で成功を収めた支持の厚い労働党の市長が，すでに2期8年間も務めています。彼は再選を狙い出馬する予定で，今回も保守党は不利が予想され，候補者選びがもめたのです。ジョンソンが負ければ，キャメロンはライバルを失脚させることができます。もし，ジョンソンが勝てば，労働党の基盤を崩すことに成功します。つまり，キャメロンにとっては，**どちらの結果でも失うものはない**のです。

ロンドン市長として人気を拡大したジョンソン

　2008年のロンドン市長選は接戦となり，予想を覆しジョンソンが現職リヴィングストンを破ります。ジョンソンは選挙中に，**頻繁に庶民を訪問し，有権者の話をよく聞き，彼らの理想像を作る**ことに成功します。これは，ユニオンの選挙で敗れ，再挑戦した時の戦略です。

　2012年の市長選挙も同じ両者が争います。最後までもつれますが，投票率3％の差でジョンソンが再選されます。そして幸運にも，この年にロンドンオリンピックが開催され，ジョンソンは市長として表舞台に立ち，**一層人気を高めます**。皮肉なことに，これはリヴィングストンが市長の時に苦労して誘致に成功したオリンピックでした。

　オリンピック開催中にハプニングが起こります。2012年8月2日，ジョンソンは英国チームの応援と称してヴィクトリアパークで，ジップラインのデモンストレーションを行います。観衆に見守られながら，頭にヘルメットをかぶり，両手に英国の国旗を持ちワイヤーを勢いよく滑り出します。満面の笑顔で，自慢げに人生初のジップラインを楽しんでいるようでした。

　ところが，途中で推進力を失い，ジョンソンは地上45mの上空で宙吊りになってしまいます。結局10分ほど，ぶらさがったまま聴衆の視線をくぎ付けにします。まるで見世物のような状態です。イベント主催者や関係者は，恐怖で青ざめます。そもそも，現役の市長がこのような派手なパフォーマンスをする必要があるのか，自身の責任問題にもなります。しかも，世界が注目するオリンピックの最中です。そこで，下で見守る観衆に，ジョンソンが叫びます。

　「これは，ものすごく楽しいよ。でも，もう少し早く動くといいね。」

　彼の機転の利いたジョークに，安堵の声と笑いが広がります。

　この事件を知った首相のキャメロンがコメントをします。

　「もしほかの政治家がジップラインで宙吊りになったら，大騒ぎになっただろう。でもボリスのおかげで大勝利だ。ロンドンに彼がいて運がよかった。」

📲 時流を読む天才政治家なのか

　ジョンソンは，ユニオンの選挙戦や，ディベート訓練を通して，優れたコミュニケーション戦略を身に付けています。文才もあり，人心をいかに捉えるか常に考えて行動しています。

　ロンドン市長として，EUとの関係を重視し，単一市場の利点を訴えます。これは，ロンドンの金融街シティの繁栄には，ヨーロッパ金融市場の中心としての役割が欠かせないことも理由の1つです。

　2016年の欧州離脱を問う国民投票の前に，首相キャメロンは，ジョンソンに欧州残留を支持するように頼みます。ロンドン市長としての立場や，彼の政治的影響を考えると，残留組に取りこむ必要がありました。この見返りとして，政権の重要閣僚のポストを約束します。

　ここでジョンソンは，**自分が首相になるには**，どちら側に立った方がよいか政治的判断をしたと言われます。協力して残留派が勝てば，キャメロンの政権は安定し，ジョンソンは閣僚どまりです。もし残留派が負ければ，キャメロンは辞任し，首相候補になる機会が早まります。

　結局，かねてからのライバルの誘いを断り，離脱派を表明します。すぐに行動を起こして，離脱のキャンペーンを始め，自分がそのリーダーのような役割を果たしていきます。

　楽観的な考えと，親しみやすく，わかりやすいスピーチは，政策の中身より，人柄で候補者を選ぶ人々の支持を得ます。彼の数々の失言や失敗も，笑い話として風化したようです。ジョンソンは，チャーチルに習い，「人間は失敗の連続で，そこから学べばよい」，という姿勢です。

　本当に学んでいるかどうかは別として，過去の失敗を問われると，「その時の状況で，そうしてしまった」とよく述べます。ここには時間軸で「今の私は，異なる」という主張があります。

　今や，SNSなど短いメッセージが主流となり，根拠のない主張も，「事実」となる可能性が高まっています。自分の目で見て確かめる，という時間のかかる面倒なことは敬遠されがちです。

　このような状況で，自分の「今」に関わることを解決してくれそうな，心地

よい話をする政治家の存在は都合が良いと考える人が増えたのかもしれません。

時間軸とコンテクストに柔軟に

・最終ゴール達成のために時間軸やコンテクストに合わせて柔軟に対応する

ビジネスケース❽　誰がラグジュアリーと定義するのか

2016年３月にユニオンでディオールやルイ・ヴィトンなどを所有する**LVMHの会長ベルナール・アルノー**がゲストスピーカーで登壇しました。彼がブランドビジネスを始めたのは，米国を訪問した時に，「フランスの大統領は知らないがディオールなら知っている」と言われたのがきっかけです。

「ラグジュアリーはブランド力が全てでマーケティングをしない」と言うのが彼の持論です。市場調査や顧客ニーズの探求は行わない。究極の技術を持つ職人やデザイナーが革新的な製品を創造する。あとは，それに対していかに顧客の欲望を掻き立てるかがラグジュアリーだと述べました。

ビジネスの基本は，ボリュームゾーンと呼ばれる消費者が一番多い市場を狙うことです。購買者が多ければ，商品やサービスがたくさん売れ，大量生産が可能になり１つ当たりのコストが下がります。これを規模の経済と言います。

問題は多くの人の支持を得るためには，製品なども万人に受け入れられる品質や値段を設定する必要があります。皆を喜ばすためには，一部だけに受け入れられるような，とがったものはうまくいきません。また価格が高いと購入する層が限られてくるので，値上げはできません。しかし，大量生産による画一的な製品は，差別化が難しいので，製品のまねをした新規の参入が容易です。新興国のように賃金の低い国の企業はコストを抑えられるので，より安い値段を設定でき有利になります。これが戦後日本経済をけん引して来た家電製品が，欧米の企業からシェアを奪うことができた大きな理由の１つです。同様に，後に韓国や中国企業に，日本企業が市場を奪われました。

それでは，人件費の高い国が成長を維持するにはどうすればよいのでしょうか。一般に，簡単にはまねできない，付加価値の高い製品やサービスを提供することです。

つまり高くても，顧客が満足して購入するものです。その典型はラグジュアリー製品で，残念ながら**日本企業はこの分野は強くありません。**

ラグジュアリービジネスの条件は，「伝説」，「稀少性」，「匠の技」，「高価格」，「排他的」などと考えられています。ところが，これらは消費者の持つ感覚なので，明確な定義や数値化は困難です。つまり，どこまでがラグジュアリービジネスなのか定義が難しいのです。英国の場合は，ビジネスケース❸で見たように，ロイヤル・ワラントの紋章で定義が可能です。世界の王室で最も有名な英国王室が品質を保証するのです。

それではフランスは，どのようにラグジュアリーを定義しているのでしょうか。答えは，職業デザイナーの組合であるサンディカルです。1911年に設立されたこの組織に入る資格は，オートクチュールと呼ばれる個人向け手作りの高級服を製造する企業だけに与えられます。その規則として，年に2回ある各コレクションで35ほどの新着を発表しなくてはいけません。全て手作りで，最高級になると1着の制作に400 時間，費用は$100,000ほどの費用がかかります。世界でもこのような製品を購入できるのは2,000人ほどしかおらず，常連の顧客は200人程度です。手間やコストを考えるとオートクチュールの採算は合いません。コレクションを継続して実施できるには，かなりの資本を持ち多くの熟練の従業員を抱える必要があります。このため新たな参入は極端に困難であり，サンディカルのメンバーだけが，稀少性を持つラグジュアリーブランドということになります。

これらの企業が儲かる仕組みを完成させたのが米国のディオール社で，プレタポルテという高級既製服の販売です。オートクチュールで強いブランド力を作り，これが手に入らない中流階級の上位向けに，少し値段を抑えた既製服を販売します。大量の生産が可能な既製服を販売し，十分な利益を上げる仕組みです。たとえ既製服でも「高価なDior」ブランドを着られるという特権は，米国で経済的余裕のある富裕層の支持を得ます。現在フランス政府は，国の重要な**産業政策の一環としてサンディカルを戦略的に支援**しています。

このように英国では王室が，フランスでは政府がサンディカルを通して，ラグジュアリー産業の定義をしています。日本でラグジュアリー産業が育たない理由は，**国家的な戦略の欠如**かもしれません。

ビジネスケース❾　シャネル社は黒の仮説を立てる・後編

　ビジネスケース❶で見たように，カペラーはシャネルブランドをより際立だせる
ショーケースそのものを黒色に変える戦略はうまくいきません。デパートの白いイ
メージに反するとして断られます。当惑していたカペラーに，パリの本部から朗報
が届きます。

　前述のように，シャネルの創始者ココ・シャネルは，大戦中ドイツに協力したこ
とでスイスに亡命します。しばらくはファッション界から消えた存在でしたが，
1954年の70歳の時に復帰を決意します。これに協力したのが，かつて香水No５の
権利を争ったユダヤ人のヴェルタイマー兄弟の弟です。シャネルは再デビューのた
めに争いを止め，ヴェルタイマーと新たな契約を結びます。

　シャネルは，ラグジュアリーのオートクチュールしか興味がありません。ところが，
先に述べたように，このビジネスの維持には莫大な費用がかかります。これをヴェ
ルタイマーに肩代わりしてもらいます。彼のメリットは，シャネルのオートクチュー
ルが再び有名になれば，香水No５のブランド力も一層強まり販売増が望めます。し
かし，このユダヤ人が支援を承諾した別の理由は，「**悪魔の契約**」です。シャネルは
すでに70歳を過ぎ，子供も身寄りもありません。自分の目の黒いうちは，オートク
チュールのみで自らシャネルのブランドを守ります。しかし，後継者はいないため，
後のことは諦め，ヴェルタイマーに多くのビジネスの権利を与えることにするのです。

　1971年にシャネルが亡くなると，同社はいよいよ本格的にブランドの拡張を目指
し，既製品のプレタポルテ市場を開拓して行きます。1975年から化粧品事業も本格
的に開始します。そして，78年の春から日本でも香水だけでなく化粧品販売も始め
ることを決定したのです。これが，日本でシャネルブランドの構築を目指していた
カペラーにとって良いニュースだったのです。

　彼は，ラグジュアリーの**排他的戦略**を使います。黒いショーケースを断ったデパー
トの中でも，東京，大阪のトップ企業を再訪問します。そして担当者と次のように
交渉に臨みます。

　「シャネルは，日本で本格的に化粧品ビジネスを始めます。その出店先として東京，
大阪でそれぞれ５店舗だけで販売する予定です。」

　高級デパートにとって，新たなシャネルの化粧品が取り扱えるのは最大のチャン
スです。どこも喉から手が出るほど出店して欲しいブランドです。

　「ただし，シャネルのブランドを守るため，ショーケースと看板を真っ黒にする必

要があります。この条件を受け入れる，10店舗だけの出店です」

　日本で選ばれた10店舗だけで販売するという「排他的」な戦略です。結果として売り上げのある上位の店舗から，この条件を受け入れる10か所に出店します。それまで真っ白だった空間に，突如として１か所だけ黒の塊のスペースができました。デパートに入った客たちは，その目立つ場所に吸い込まれるように集まっていきました。カペラーの設定した，デパートでシャネルブランドを構築するという仮説の効果が証明されます。

　彼は1987年までシャネル社に在職し，デパートの販売店は50店舗まで拡大しました。関連する従業員は最初の７人から200人以上になります。この黒いショーケース作戦は，シャネル本社のあるパリの高級デパートのプランタンでも取り入れられます。やがて日本の他社もこれに続き，デパートの１階の化粧品売り場は，各社がブランドカラーをふんだんに使う現在の姿になりました。

▼

ディベートトレーニング❾

 レクサスはラグジュアリーか？

　次の動議に対して反証してください（解答例は巻末）。
「トヨタのレクサスはラグジュアリーブランドである」

 まとめ

　チャーチルをロールモデルとするジョンソン首相は，早くからディベートでコミュニケーション戦略を鍛えます。ユニオンでの失敗から多くを学び，勝つためにいかに民衆の心をとらえるか常に考え行動しています。

　一方で，ビジネスでは多くの人の支持を得ようとすると，製品の標準化が起こりやすく，差別化が難しいため価格競争に陥ります。この真逆をいくのが，ラグジュアリービジネスで，高付加価値の製品をより高い値段で販売します。多くの素晴らしい伝統や，匠の技を持つ日本も，英国やフランスを見習い，国家レベルで戦略を立てるべきではないでしょうか。

第22章

おわりに：
ジョンソン首相はユニオンで何を学んだのか

　問題解決のために，あらゆる過去の英知を集め，課題を客観的に分析し，自らが答えを探す。その予測できる結果を，聴衆にわかりやすく，行動を起こしやすいように伝える。

　これは，本書で紹介したユニオンのディベートで日々鍛えられる，将来のリーダーのトレーニング方法です。世界中の現役リーダーをゲストとして招聘するユニオンは，注目度も高いだけに，ディベートの内容や，テーマによっては非難を受けることもあります。このような中，プレジデントになると，全てのリスクを引き受け，当事者意識を発揮していきます。

　こうした経験を持つ将来のリーダーを目指す予備軍が，毎年ユニオンで育ち，世界で出番を待っています。1986年ユニオンのプレジデントを務めたジョンソンも，同じ経験をしています。

🖊 新型コロナウィルスとジョンソン政権

　英国のジョンソン政権にとって想定外だったのは，新型コロナウィルスの拡大です。欧州離脱の交渉や手続きで，ただでさえ迷走している時に，より深刻な事態に直面しました。

　当初は経済を優先させ，集団免疫により状況を改善する方法を選びますが，事態は悪化して方針を変えます。今度は極端と思われるロックダウンという都市の封鎖です。オックスフォード大学も，すぐにネット授業の体制に変更しました。私もカレッジから連絡が入り，帰国を勧められました。状況は悪化し，ジョンソン首相自身も罹患して集中治療室に入ります。

現状は混とんとして，この本を執筆している今の段階では，何が適切なのか評価はできない状態です。しかしながら，英国には日本に比べて，圧倒的に危機管理に強いリーダーシップがあると思われます。まず，事態の課題を早い時期から認識し，その解決法を必死で探求します。可能性のあるもの全てを検証し，問題解決に向けて優先順位を決め全力を傾けます。

　ジョンソンは初期の失敗の後，人命の優先と，ワクチンの接種の拡大を目指します。過去の疫病との戦いで，人が免疫を持つことが最善の解決法と認知しています。このために，ロックダウンという厳しい措置を取りながら，問題に見通しがついてから，経済を再生するという方針です。これをジョンソン首相は，**明確にわかりやすく国民に直接語りかけていきます。**

　英国では早くも2020年4月，首相直属のワクチンのタスクフォースを立ち上げました，目標は，「国民全員に必要なワクチンをできるだけ早く確保する」です。オックスフォードで生化学を学んだビンガム氏をリーダーにして予算を組み，見込みのありそうな会社に，開発の進展に合わせて資金援助を行います。彼女は，経営修士号MBAを持つベンチャー企業の投資家でもあります。これらの経験を活かし，企業同士を競わせ，成功した企業には優先契約を結ぶことで，必要なワクチンを確保するようにしました。

　結果的に早い時期にアストラゼネカ，ファイザーなどのワクチンを十分入手します。また，安全性を担保するために必要な治験のボランティアも早くから募集し，検証を行っていきます。ただ，同時に大量の人に注射を打つには，医療関係者数が不足します。このため，法律を改正し，臨時にこの仕事をできる人を養成する訓練を始めます。

　2020年の12月からワクチンの接種が始まり，希望者全員分が速やかに準備できました。2021年に8月には成人の9割が1回目を接種し7割以上が2回目を終わりました。

　まだ予断を許さない中，英国のやり方が全てうまくいったとは言えないかもしれません。しかし，国のリーダーは，課題解決のため，政策に明確な優先順位をつけ，事態改善のためあらゆる手段を行っているように見えます。ワクチン開発援助にも大きな予算を使い，**政府が人命優先のためリスクを取り，責任を持ち行動**しています。英国政府は2020年5月オックスフォード大学とアスト

ラゼネカの開発援助だけで100億円以上の投資を発表しています。

　ジョンソン首相は2020年6月に，早くも新型コロナ後の具体的な積極政策“Build, Build, Build”を打ち出し，学校，病院，環境問題改善と経済の活性化の具体策を国民に示します。これは，戦時中に「ゆりかごから墓石」の演説をし，苦境にある民衆に希望を与えたチャーチルと同じ戦略です。また，チャーチルと同じく国営放送の枠を演説のために設定し，52分以上かけてテレビ放映します。後半の22分ほどは記者団との質疑応答で，厳しい質問にも一人ずつ名前で呼びかけ，丁寧に明確な根拠を示して答えます。英国でこの質疑応答が重要視されるのは，マスコミは直接参加できない国民の代表として質問し，代表者は**それに答える義務を果たす責任ある**からです（☞第12章）。ロックダウンを耐えたその後には，ワクチンの効果も出て，必ず明るい未来が来ることを示します。危機時のリーダーに臨まれる姿を，見事にしかも真剣に演じます。

　危機的な状況では，日本でもこのような未来に向けた，内容のある責任者の話をじっくり聞きたいのではないでしょうか。もちろん，チャーチルに学び，明確なビジョンや根拠を伝えるコミュニケーション戦略や，厳しい質問にも的確に答えられるリーダーが必要ですが。

　　　　　　　　交渉戦略ポイント㉔

危機時の交渉
・危機時の交渉には明確な優先順位をつけ確実に実行する
・問題解決のために，あらゆる過去の英知を集め，課題を客観的に分析する

📝 日本のリーダーに考えてほしいこと

　国益優先がリーダーの務めなので，どの国もまず自国の納税者のために行動します。ワクチンなども自国優先に使うのが当然で，余裕ができれば，他国に譲ってくれるかもしれません。

　残念ながら日本のリーダーを見ていると，誰が問題解決をするのかさえ，よくわからないような状態です。たぶん，「そのうち何とかなる」という姿勢な

のかもしれません。どこかで誰かが，解決策を見つけてくれたら，それをお金で買えばよい，という考え方もあるのでしょうか。

　英国などがワクチン開発に積極的に取り組んでいる間に，日本は2020年７月から，**２兆7,000億円のGo Toキャンペーン**を始めます。日本のリーダーには，観光産業を振興して経済を活性化させることの優先度が高かったのでしょう。しかし，もう少し根拠のある優先順位を考え，予算を有効に使う方法があったのかもしれません。歴史が証明しているのは，感染症は人の移動と共に拡散することです。

　一方，英国政府はワクチン対策や接種準備に莫大なお金をかけています。まずは経済より無料の医療制度NHSを守り，国民の命を優先させたからです。前に述べたように，英国のオックスフォード関連の研究への投資だけでも100億円ほどです。

　国内のワクチンがなければ，海外から購入することになりますが，これも原資は税金です。また，ウィルスの第４波が来て一部の地域で医療が崩壊寸前になりました。これは，「海を渡り」，他国の状況を客観的に分析すれば，十分に予測できることです。医療体制の整備に税金を使い，しっかりと備えてもらう方が，人々には優先順位が高かったと思われます。

　「国の予算は，国民から預かった大切な税金を基に，優先順位に基づき最も役に立つサービスを提供することを，リーダーたちは正しく認識する。また，有権者は，それが適切に行われているのか監視する。評価は選挙で下す。」この民主主義の原則を考えさせられる時期でした。

　リーダーを目指す人は「問題は自分の手で必ず解決する」という，当時者意識を持つことから始めるべきでしょう。課題を正面からクリティカルに考え，**多様な意見や議論から最適な解き方**を探索します。そして**優先順位を決め全力で問題解決**にあたります。その手順を明確に示し，相手が納得するように伝えるコミュニケーション戦略を磨きます。

　12世紀から続いた大学の教育は，自ら困難に立ち向かう将来のリーダーのために，この基礎能力を身に付けてもらうことを後世に託しています。その，最たるものがオックスフォード・ユニオンで，日本でもここから学び実践できることが多いと思われます。

おわりに

　過去の英知を，現在で学び，未来の課題を解決していく。これが大学で育つ
リーダーの素養だと思います。問題がグローバルになり，多くの国が関り複雑
になると，ますます「言葉を使い」解決することが重要になります。これは，
課題を正確に把握し，解決策を議論し，自分で解いて，客観的に伝えるコミュ
ニケーション戦略です。

　基本はシンプルで，多読によりクリティカル思考を磨き，議論で意見をぶつ
け，最後はレベルの高い論文を仕上げる。この12世紀から続く，手間のかかる
愚直な学習方法が，未来のリーダーが大学で育つ最も確率の高い成功方法です。

　ユニオンの場合は，これに最高のディベート機会とロールモデルの提供が加
わり，より具体的に未来の準備ができます。この200年の伝統を凌駕するのは
簡単ではありませんが，日本で「言葉を使える」リーダーが必要なら，直ぐに
取り掛かり，0⇒100を目指すべきでしょう。

　これには，大学生に対する社会の熱意と，資金の協力が欠かせません。

　次世代を生き，課題を解決していくのは彼らなのですから，お金の使い方の
優先順位は高いのではないでしょうか。

　なお，この本の役目は，あくまでディベートへの導入なので，その本質や細
かい技術の説明は十分ではありません。これらを知るには，以下の著書が最適
だと思います。

　・*The Oxford Union Guide to Successful Public Speaking*
　・*Argument and Audience: Presenting Debate in Public Setting*

　大学教員は解説者になりがちですが，私なりの2つの問題の解決法を実行し
ています。

　まずロールモデル提供のささやかな解決策として，大学やゼミの所属に関係
なく，どなたでも自由に参加できる合同ゼミというのを開催しています。もち
ろん参加費などもなく，一流のリーダーとの交流機会を設けています。ご興味

のある方は，ご連絡いただければ幸いです。

　また，レベルの高い論文を書くべきと述べていますが，本書では具体的な方法は記載していません。各自で学ぶのに，以下の多量のコーパスデータ解析に基づいた英語論文の書き方に関する拙著が，少しはお役に立つかもしれません。

　　・『大学生のためのアカデミック英文ライティング』（卒業論文向け）
　　・『経済学・経営学のための英語論文の書き方』（学術論文向け）

日本でも未来のリーダーを育てるディベートの文化が根付くことを願って

オックスフォード・ユニオンのグラッドストン・ルームにて

著　者

▶ ディベートトレーニング2（p.26）

• 賛成の理由

　グラッドストンの初期の頃の言動は，明らかに植民地政策や奴隷制を擁護している。具体的な証拠として，英国議会で奴隷制の廃止に反対の演説をしている。また英国で奴隷制が廃止となっても，植民地で富を築いた父のために政府から補償金を得ている。このような行為は，彼が人種的差別の原因となる奴隷制を支援したことを証明するものである。このような人物の銅像があることは，その人の過去の行為を容認することになり，現代でも差別問題で苦しんでいる人々の状況を考えると撤去すべきである。このことを理解したので，彼の子孫は銅像撤去に賛成している。またオックスフォード大学でも，同様なセシル・ローズの像を撤去した。

• 反対の理由

　確かに，初期のグラッドストンの行為は，植民地政策や奴隷制を容認しているが，若い時に父や，支持してくれる政党のために行ったことである。人は過ちを犯すものであり，彼もこのことを公式に反省している。彼は後に考えを正し，支配者階級の代表の保守党と議会で争い，庶民の生活や労働者の権利を守るため様々な改革を行った。もし彼の一連の偉業がなければ，英国の下層階級の生活改善や教育問題は解決できなかったと言える。今回の銅像の中には，彼が子供の教育の大切さを認識して建てた図書館の銅像も含まれる。少なくとも，この銅像は奴隷制擁護の立場から建設されたものではない。このことがよく認識されているので地元住民から銅像撤去に反対する署名活動があった。以上のように，彼の銅像の全てを撤去すべきではなく，少なくともこの図書館のものは残しておくべきだ。現代においてネットなどによる意見に扇動される人も多いが，全てを単純化するのではなく，個別に見ていくべきだ。

▶ ディベートトレーニング3（p.57）

　道徳的か非道徳かという問題は，その人の持っているものではなく，行為で

評価されるべきである。お金を持っているだけで不道徳と決めることはできない。もし企業の代表と従業員の給与格差を問題とするなら，そのようなシステムが問題なのであって，努力の結果としてその地位に就いた人が非道徳なわけではない。例えば，アマゾンには世界で130万人近くの従業員がおり，ベゾスが人々の雇用を増やした貢献は少なくない。また，税金逃れをする企業家がいたとしても，それはその人の選択であって，すべての億万長者や企業が必ずしもそうするわけではない。以上の点で，億万長者になることが必ずしも非道徳だとは言えない。

▶ ディベートトレーニング 4 （p.86）

1．ブレアの事実に対するクリティカルな質問は次のような「信頼性」を問うものが考えられる。
　　「45分間とは，どのように計測したものか」
　　「大量破壊兵器の種類や規模，数はどれくらいか」
　　「その被害はどれくらい深刻なのか」
2．ブレアの意見に対するクリティカルな質問として，「妥当性」を問う以下のような質問が可能である。
　　「大量破壊兵器を保持しているという理由で，独立国家に軍事介入してもよいのか」
　　「国連などの決議を経て合意を得てから攻撃すべきではないのか」
　　「フセイン政権を倒した後，イラクの国の運営は，誰がどのように行うのか」

▶ ディベートトレーニング 6 （p.135）

動議「シャネルはフランスにとって恥ずべき存在である」への反証
　確かに，シャネルが第2次世界大戦中にナチスドイツに協力したことは事実であり，これは彼女の落ち度と言えるかもしれない。他の有力者のように亡命して，国外からナチスに対抗することも可能だ。しかし，ビジネスを縮小してはいても，香水とアクセサリー部門は続けており，経営者としてそれを投げだすのは困難である。混とんとした状況で，支配者たちと宥和して，ビジネスを

続ける選択は，経営者として必ずしも責められない。

　ナチス占領下で反対する勢力は生命の危険にさらされており，生き残るために身の保全のために協力するしかない場合もある。ナチスのスパイに協力したのも，自分の甥を助けたい一心からである。また，彼らを利用しユダヤ人のヴェルタイマー兄弟から権利を取りもどそうとしたのも，もとはこの兄弟との理不尽な契約に問題があった。実際にシャネルは，その他の迫害されたユダヤ人には同情的で，彼らの命を救う活動をしている。またナチスのスパイとしての活動も，チャーチルと個人的な関係を築いていたシャネルが，戦争を休止させることが目的で行ったものである。

　彼女のファッション界への貢献は大きく，No5の香水だけでなく，それまで女性には使われなかった素材や，新たなデザインを発明している。結果として，彼女の起こした企業は，今でも2万人以上も雇用し，フランス産業界に貢献している。

　以上のように，戦争中にナチスに協力した点は問題であるが，経営者としての責任や，ビジネスでの成功によるフランスへの貢献を考慮すると，必ずしもシャネルは恥ずべき存在ではない。彼女の活躍なしには，画期的なデザインや製品は存在しなかったであろう。

▶ ディベートトレーニング7（p.165）

　インテルのペンティアム問題に関して日本法人の**副社長**の戦略が有効である。

　立論：危機におけるコミュニケーションは相手が納得できるように対処するべきである。インテルのペンティアムを採用した日本企業は，この問題によって大きな損害を受けるかもしれない。その際，まずインテル社から迅速な説明や対応が知りたい。このケースの副社長からの速やかな連絡と，全ての責任をとり対処するという連絡は信頼がおける行動である。また，詳細は直接当事者から連絡があることを期待できる。

　この立論が優位な根拠として，米国本社のコミュニケーション戦略の失敗がある。具体的には，自社の技術の優位さを過信して，自分本位の解決策を重ねて取ってしまった。このため，顧客の心情を逆なでし，マスコミを含めたネガティブなキャンペーンに巻き込まれ，結果的に大きな損失を計上することに

なった。以上のように，このケースでも，まず顧客の立場に立ち，速やかに対応をすべきである。顧客にとっては問題の内容も大切だが，彼らの関心は自社ビジネスへの今後の影響にどう対処すべきかである。全ての責任を持ち対処するという迅速な直接の連絡は，顧客を優先し信頼を維持するコミュニケーション戦略と言える。

▶ ディベートトレーニング8 （p.178）

ウッドロフがどこの戦場でも1本50セントで届けたのは，コカ・コーラが米国人の生活必需品という刷り込みとCSR戦略の一環，および戦後のグローバルなメタ戦略実施の布石である。ウッドロフはコーラの値段と価値を世界で統一することに腐心していた。今回の件は戦場で1本50セントのコーラがもたらす価値を兵士に強く認識させた。米国にいる時と同じ50セントを出してコーラを飲むことで，母国にいた時のことを思い出し，愛国心を一層掻き立てられる者も少なくなかった。またCCCが母国のために協力し，同じ値段で届けるという愛国的な行為は，消費者の大きな支持を得て企業イメージの向上に役立つ。さらに，米国軍部もコカ・コーラを50セントで配ることで，楽しみのない戦場で兵士の士気を上げることができる。このため，軍は戦場への物資輸送の過程でコカ・コーラの配達を優先させた。また，各地の工場の設営や物流センターの整備も協力した。これらの米国軍の構築した世界に広がる物流網は，戦後そのままCCCのグローバル戦略に活用が可能となった。

▶ ディベートトレーニング9 （p.195）

トヨタのレクサスはラグジュアリーブランドとは言えない。確かにこれまでのトヨタ車や日本車に比べると，高性能で装備も豪華で値段も高い。また，米国を始め日本やアジアでも高級車として成功を収めている。しかし，ラグジュアリービジネスの5つの定義の全てを満たしているとは言えない。匠の技という点では，トヨタ自動車のこれまでの技術を集結させている。ところが，高価格という意味では，レクサスが最も成功した米国市場はメルセデスベンツをベンチマークし後発で参入したものである。ベンツの主要な価格が，4万から6万ドルに対して，3万5千ドルという値ごろ感を狙って成功した。つまり同

レベルのベンツより安いことがポイントであった。さらに，ラグジュアリーに必要な伝説という意味では，歴史も新しく他社をターゲットにし誕生した車なので弱い。また，製品の中にはレクサスLFAという最高級車もあるが，CTという販売量の多い小型の廉価版もある。レクサスは多くの消費者に支持され販売量が多いが，逆にラグジュアリーに必要な稀少性や排他的という項目は満たしていない。結論として，レクサスは日本企業には珍しい高級志向を目指して成功した優れたビジネスモデルではあるが，圧倒的なブランド力を持つラグジュアリーブランドとは言えない。

プットーやマララが学んだレディー・マーガレット・ホール
☞第9章

📖 主要参考文献

Bailey, J., and Molyneaux, G. (2008) *The Oxford Union Guide to Schools' Debating*. Oxford: Oxford Union.

Bew, J. (2017) *Clement Attlee: The Man Who Made Modern Britain*. Oxford: Oxford Univ Press.

Brock, M.G., and Curthoys, M.C. (1997) *The History of the University of Oxford: Volume VII, Nineteenth Century Oxford, Part 1*. Oxford: Clarendon Press.

Broda-Bahm, K., Kempf, D., and Driscoll, W. (2004). *Argument and Audience: Presenting Debate in Public Setting*. NY: IIREA.

Catto J. I., Aston, T. H., and Evans, R. (1984) *The History of the University of Oxford Volume I, The Early Oxford Schools*. Oxford: OUP.

Ceadel, M. (1979) The 'King and Country' Debate, 1933: Student Politics, Pacifism and the Dictators. *The Historical Journal*, 22:2, 397-422.

Cohen, D. (2018) *Churchill & Attlee-The Unlikely Allies Who Won The War*. London: Biteback Publishing

Gerald, C. (1970) Old Mortality at Oxford: Monsman. *Studies in Philology*, 67-3, 359-389.

Graham, F. (2005) *Playing at Politics*. Edinburg: Dunedin Academic Press.

Hall, T. E. (1976) *Beyond Culture*. NY: Anchor Books.

Hughes, D., and Phillips, B. (2000) *The Oxford Union Guide to Successful Public Speaking*. London: Virgin Publishing.

Johnson, B. (2014) *The Churchill Factor: How One Man Made History*. London: Hodder & Stoughton.

Mukerjee, M. (2010) *Churchill's Secret War: The British Empire and the Ravaging of India during World War II*. NY: Basic Books.

Roberts, A. (2018) *Churchill: Walking with Destiny*. London: Penguin Books.

Russell M., and Wyland, R. M. (2001) The Attic Society's "Oxford Review": Idealism, Failure, and Early Nineteenth-Century Periodical Culture at the University of Oxford. *Victorian Periodicals Review*, 34:2, 128-146.

Walter, D. (1984) *The Oxford Union: Playground of Power*. London: Macdonald.

[著者紹介]

中谷　安男（なかたに やすお）

法政大学経済学部教授
専門：Business Communication, Academic Writing
慶應義塾大学経済学部卒業
米国ジョージタウン大学大学院英語教授法資格取得
豪州マッコーリー大学大学院修士号取得
英国バーミンガム大学大学院博士号取得
オックスフォード大学客員研究員
*Journal of Business Communication*及び Applied Linguisticsの主要ジャーナル査読委員
University College of London, EPPI-Centre Systematic Review 社会科学分野担当
豪州University of Queensland, ニュージーランドMassey University博士課程外部審査委員
著書に, *Global Leadership: Case Studies of Business Leaders in Japan*（共著, 金星堂），
『経済学・経営学のための英語論文の書き方―アクセプトされるポイントと戦略』（中央経済社），『英語教育学の実証的研究法入門――Excelで学ぶ統計処理』（編著, 研究社）『大学生のためのアカデミック英文ライティング』（大修館書店）他多数。

オックスフォード 世界最強のリーダーシップ教室
■―一流の思考力・交渉力・人脈はこう作られる

2022年2月10日　第1版第1刷発行

著　者　中　谷　安　男
発行者　山　本　　　継
発行所　㈱ 中　央　経　済　社
発売元　㈱中央経済グループ
　　　　パ ブ リ ッ シ ン グ

〒101-0051　東京都千代田区神田神保町1-31-2
電話　03 (3293) 3371 (編集代表)
　　　03 (3293) 3381 (営業代表)
https://www.chuokeizai.co.jp

© 2022
Printed in Japan

印刷／三 英 印 刷 ㈱
製本／㈲ 井 上 製 本 所